모두를 위한 메타버스

3D 블렌더로 쉽게
게임 (로블록스) 아이템&
NFT 만들기

이대현 지음

★
(주)광문각출판미디어
www.kwangmoonkag.co.kr

머 리 말

블렌더: 3D 디자인의 창조적인 힘
- 블렌더의 강력한 3D 모델링 기능
- 개방성과 무료 이용 가능성
- 게임 개발과 NFT 아이템 제작의 핵심 툴

이 책에서는 블렌더를 사용하여 게임 개발과 NFT 아이템 제작에 필요한 핵심적인 스킬과 기술을 익힐 것입니다. 각 튜토리얼과 예제를 통해 여러분은 블렌더의 다양한 기능을 활용하여 자신만의 프로젝트를 진행하고, 창조적인 프로세스를 경험할 수 있을 것입니다.

로블록스와 제페토 그리고 블렌더: 아바타 아이템 제작의 현실적 입문서
- 로블록스: 게임과 아바타 아이템의 융합
- 제페토: 블록체인과 NFT의 아이템 거래 플랫폼
- 아바타 아이템 제작과 NFT의 미래

책에서는 로블록스와 제페토에서의 아바타 아이템 제작에 대한 실전적인 가이드를 제공할 뿐만 아니라, 로블록스 아이템 등록과 더불어 블렌더와의 연계에 대한 심층적인 정보도 제공할 것입니다. 이를 통해 여러분은 3D 디자인과 NFT의 현장에서 성공적으로 나아갈 수 있는 열쇠를 손에 넣게 될 것입니다.

이제 여러분은 블렌더의 매력적인 세계로 발을 디딘 것입니다. 이 소프트웨어의 강력함과 다양한 기능은 여러분이 3D 디자인의 새로운 지평을 열기에 충분합니다. 함께 블렌더의 창조적인 힘을 탐험하며, 여러분만의 디지털 예술과 프로젝트를 완성해 나가 보시기 바랍니다.

저자 이대현

Part 1 초급

Part 2 중급

PART 01
초급

01 | 블렌더 활용 기본

1-1 처음 만나는 블렌더 GUI

블렌더는 포털 검색에 '블렌더 다운로드'를 하거나 http://www.blender.org/downlode/ 에서 다운로드하여 PC에 간단하게 설치하면 사용이 가능하니 다운로드 및 설치는 생략하 기로 한다.

블렌더를 크게 구분하면, Ⓐ 상단 Tool bar는 저장, 모델링, UV 편집 등 큰 맥락에서 작업 환경을 선택하여 필요한 작업을 수행할 수 있다. Ⓑ View Editor(Viewport)는 실제로 3D 작 업을 수행하는 공간이다. Ⓒ Object Tool은 이동. 회전, 크기 조절 등을 선택하여 사용할 수 있다. Ⓓ Outliner는 뷰포트(Viewport)의 객체들을 계층 구조 형식으로 보여 준다. 마치 포 토샵에서 레이어와 같은 의미라고 보면 될 것이다. Ⓔ 속성(Properties) 창은 오브젝트 편집 시 다양한 속성들을 사용하여 편집할 수 있다.

❶ Generate를 선택하여 중앙에 팝업 창을 닫아주도록 하자.

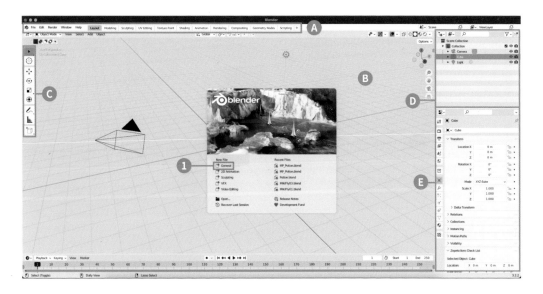

그러면 본격적으로 모델링을 할 수 있는 상태가 된다. 현재는 Ⓐ Object Mode 상태이고 Viewport에는 Ⓑ 카메라(Camera), 광원(Light), Cube(객체)가 있는 상태이다. 물론 이들은 Ⓒ와 같이 Outliner에서도 확인이 가능하다. Viewport의 Cube 오브젝트는 Ⓓ와 같이 속성 창에서 Cube(오브젝트)의 속성(위치, 회전, 크기 등)을 확인할 수 있다. 부가적으로 Ⓔ Viewport Shading 상태이고 Ⓕ 기즈모는 작업자의 시점으로서 클릭(LMB)이나 드래그 (Drag)를 통해 시점으로 변경할 수 있다. 앞으로 모델링을 위한 블렌더 과정은 이 시점에서 매번 시작할 것이고 대부분의 명령은 단축키로 실행할 것이다.

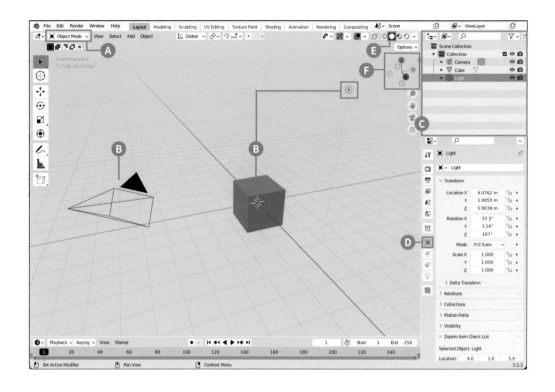

1-2 기본 조작법 및 활용

다음은 기본적인 화면 조작 방법에 대해 알아보고 세부적인 조작법은 과제를 진행하면서 중간중간 다루기로 한다.

우선 마우스 활용법을 먼저 다루기로 한다. ❶은 왼쪽 버튼을 계속해서 누르고 있는 상태를 의미한다. ❷번은 왼쪽 마우스를 버튼을 한 번만 클릭한 상태를 의미한다. ❸번은 마우스의 중간 버튼을 한 번만 클릭한 상태를 의미한다. ❹번은 마우스의 우측 버튼을 한 번 클릭한 상태를 의미한다. ❺번은 마우스의 왼쪽 버튼을 누른 상태에서 마우스를 움직이는 상태를 의미한다. ❻번은 마우스의 휠을 위아래로 굴리는 상태를 의미하고 ❼번은 마우스 중간 버튼을 두 번 연속으로 클릭하는 상태를 의미한다. 마지막으로 **8**번은 마우스 중간 버튼을 누르고 있는 상태에서 마우스를 움직이는 상태를 의미한다. 이들은 모두 기본적인 마우스 조작법을 표시한 것으로써 서로 결합하여 사용될 수 있다.

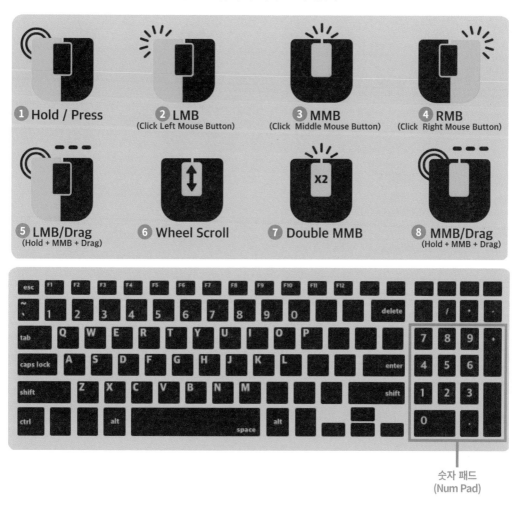

※ 숫자 패드는 단축키 사용 시 유용하며 일반 숫자키와 다르게 사용될 수 있다.

1-2-1. 화면(View) 조작 방법

1. Ⓐ Rotate View에서와 같이 마우스 중간 버튼을 클릭한 상태에서 마우스를 좌우로 움직이면 움직이는 방향으로 물체가 회전되어 보일 것이다. 하지만 이것은 물체가 회전하는 것이 아니라 카메라가 물체를 중심으로 회전하여 보이는 것이다. Ⓑ Zoom in/Out은 마우스 중간 휠 버튼을 굴리면 카메라가 물체에 가까이 혹은 멀리 가면서 보이는 것이다.

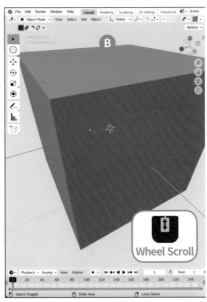

2. ⓒ Pan은 shift + MMB/Drag 마우스 중간 휠 버튼을 누르고 있는 상태에서 이동하면 카메라가 이동되어 객체가 이동되는 것처럼 보인다. ⓓ Focus는 '/' On/Off 방식인 Toggle로 활용되고 화면 중앙 객체가 꽉 차 보이게 된다. 작업 시 여러 객체 중 구석의 객체를 중앙에 보이게 할 때 활용된다.

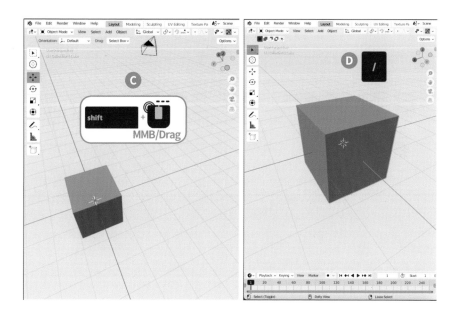

3. ⓔ XYZ View Port는 alt + MMB Drag 하면 X축, Y축, Z축으로 정렬된다. 입체 뷰 가 아닌 평면 뷰에서 작업을 원한다면 용이하게 활용이 될 것이다. ⓕ POI(Point of Interest)는 선택된 객체를 중심으로 카메라가 회전하는 것으로서 객체가 중심에 있지 않은 경우 카메라는 중심점을 기준으로 회전한다면 3차원 작업이 매우 힘들어진다. 이 에 숫자 패드의 '.' > MMB Drag 하여 사용한다.

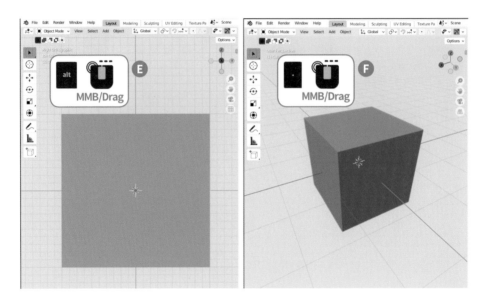

1-2-2. 객체(Object) 조작 방법

1. 다음은 실제 활용 예제를 보여 주는 것이다. 좌측 아래는 Object Mode 상태 Ⓐ는 영역을 드래그하여 선택할 때 사용된다. Ⓑ는 개별적으로 클릭하여 선택할 때 사용된다.

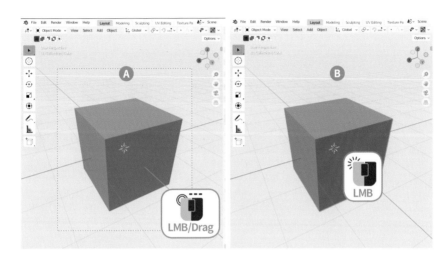

2. 객체는 크게 Ⓐ 이동('G'), Ⓑ 크기 조절('S'), Ⓒ 회전('R')으로 조작할 수 있다. 첫 번째 G키 다음 X키를 누르면 X 방향으로 이동한다는 의미이다. 두 번째 S키 다음 X키를 누르면 X 방향으로 크기를 조절하게 된다. 마지막으로 R키 다음 X키를 누르면 X축으로 회전하게 된다.

Ⓓ Gizmo의 방향을 참고하면 이해가 쉬울 것이다. Y와 Z도 같은 방식으로 진행해 보자.

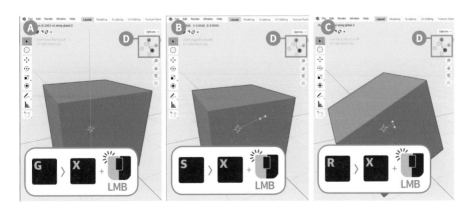

3. 세부적 편집은 Ⓐ Object Mode에서는 불가능하다. 따라서 편집 모드로 변환해야 할 필요가 있다. Mode 변환 방법은 세 가지가 있다. 첫 번째 Ⓑ와 같이 풀다운 메뉴 (pulldown menu)를 통해서 Mode를 변환하는 방법과 단축키 Ⓒ tab(Toggle) 하여 Mode 전환, 마지막으로 Ⓓ 단축키 ctrl + tab을 통해서 선택하는 방법이 있다.

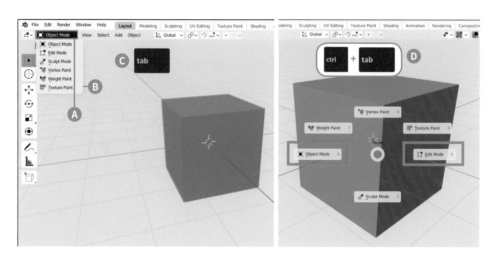

4. Edit Mode 안으로 들어오면 점(Vertex), 선(Edge), 면(Face) 세부 모드를 변환하여
사용할 수 있다. 예를 들어, 점(Vertex) Mode에서는 점들을 선택하여 형태를 변환할 수
있고, 선(Edge) Mode에서는 선을 선택하여 형태를 변환할 수 있다. 그리고 면(Face)
Mode에서는 면을 선택하여 형태를 변환할 수 있다. 단축키로는 Vertex(1) Edge(2)
Face(3)를 사용할 수 있다.

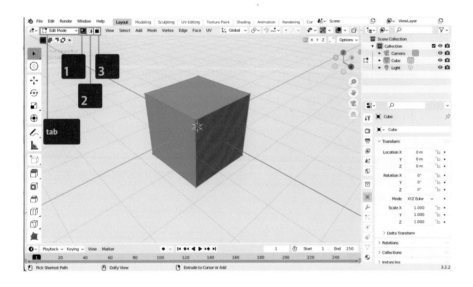

5. 숫자 패드의 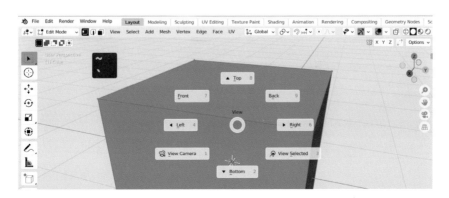는 파이 메뉴로서 이를 사용하면 XYZ View Port와 같은 기능으로
원하는 View로 선택하여 이동 가능하다.

[참고: 숫자 패드 1(Front/Back View), 3(Right/Left View), 7(Top/Bottom View)로도
같은 효과를 얻을 수 있다.

1-2-3. 단축키와 활용

단축키는 카테고리별로 크게 Ⅰ. 시스템 속성, Ⅱ. 선택, Ⅲ. 객체 편집, Ⅳ. 메뉴, Ⅴ. UI, Ⅵ. 셰이딩 순서대로 설명할 것이다. 설명 중에 단축키 중복 설명이 있더라도 카테고리별 설명을 위해 불가피한 것이므로 너그러이 이해해 주기 바란다.

	설명	단축키	
Ⅰ 시스템 속성	**1** Interaction Mode ★ **Object Mode** **Edit Mode** **Texture Paint**	tab ※Both Mode	
	뒤로 돌리기(Undo) ★	ctrl+Z ※Both Mode	
	앞으로 가기(Redo)	ctrl+shift+Z ※Both Mode	
	직전 명령 반복 (Repeat Last) ★	shift+R ※Edit Mode	
	2 직전 명령 창 조정 (Adjust Last Operation) ★	F9 ※Both Mode	
	3 이벤트에 따른 조건 Context Menu ★	RMB, ※Both Mode	
	복사(Copy) ★	ctrl + C	
	붙여넣기(Paste) ★	ctrl + V	※Object Mode
	객체 복사 붙여넣기(Duplicate) ★	shift + D	

위 단축키는 눈으로만 보고 이 중 자주 사용하는 단축키는 아래 실습을 통해 익히도록 하자.

TIP

★ 모양은 자주 사용하는 명령으로서 본 책에서 여러 번 활용될 것이다.

※ 모양은 모든 조건에서 모든 조건에서 사용 가능한 모드의 상태를 의미하며 '※Both'는

Object Mode와 Edit Mode 모든 환경에서 사용 가능하고 '※Object'는 Object Mode에서만 사용 가능하며 '※Edit'는 Edit Mode에서만 사용이 가능하다.

⬛ 네모 안 숫자는 아래 이어서 상세하게 설명할 내용들이다.

1 Interaction Mode 전환: 편집을 위한 모드 전환 시 사용된다.

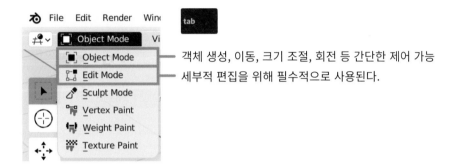

객체 생성, 이동, 크기 조절, 회전 등 간단한 제어 가능
세부적 편집을 위해 필수적으로 사용된다.

2 직전 명령 창 조정(Adjust Last Operation): 작업 중 직전 명령에 대한 설정값을 바꿔 야 할 때 주로 사용된다.

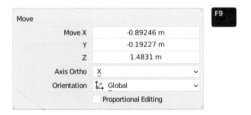

3 이벤트에 따른 조건 Context Menu: 다양한 이벤트에 따른 메뉴를 보여 준다. Object Mode에서 객체에 마우스를 올려놓고 RMB 하면 좌측과 같은 메뉴를 보여 준다. 상황에 따라서 그에 맞는 메뉴를 보여 주는 명령이다.

설명		단축키
	모든 객체 선택/해제	A/alt + A
	1 선택 툴(Select Tool) ★	W(Edit Mode)
	1-1 올가미 그려서 선택(Select Lasso)	ctrl + RMB Drag
	1-2 사각을 그려서 선택(Select Box)	B
	1-3 원을 그려서 선택(Select Circle)	C
	2 다중 선택/해제(여러 객체를 선택/해제할 때 사용) ★	shift + LMB
	3 선택한 영역 확장/축소	ctrl + Num +/-
II 선택	**4** 선택 반전 ★	ctrl + I
	4-1 (Vertex, Edge, Face) Loop 선택 ★	alt + LMB
	4-2 (Vertex, Edge, Face) Ring 선택 ★	ctrl + alt + LMB
	5 평행한 객체 선택	ctrl + alt + LMB
	물체와 완전히 결합되지 못한 정점 선택	ctrl + alt + shift + M
	비슷한 속성을 가진 객체 선택	shift + G
	처음 선택한 두 면의 간격만큼 하나씩 추가	ctrl + shift + '+'
	6 편집 모드에서 객체 선택 ★	L(in Edit Mode)

위 단축키는 눈으로만 보고 이 중 자주 사용하는 단축키는 아래 실습을 통해 익히도록 하자.

1 선택 툴은 객체 선택을 용이하게 하기 위해 사용되며 ■ 키를 누를 때마다 이동, 사각, 원, 올가미 툴로 바뀌게 되고 Ⓐ에서 확인이 가능하다. Ⓑ와 같이 Edit 〉 Vertex 모두로 전환 후 점(Vertex)들을 사각 선택 툴로 드래그하여 점(Vertex)들을 선택해 보자.

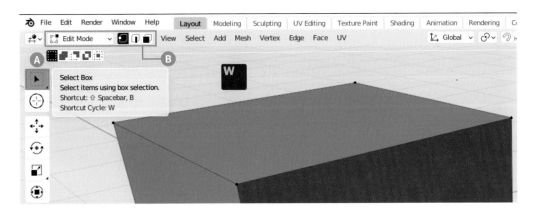

1-1 올가미 선택(Select Lasso): 사각 선택 툴과 함께 올가미 툴은 가장 빈번하게 사용되는데, 사각이나 원에 비해 선택 영역이 자유로우며 주로 산발적으로 흩어져 있는 점들을 선택할 때 사용된다.

2 다중 선택/해제(객체 여러 개를 선택/해제할 때 사용)

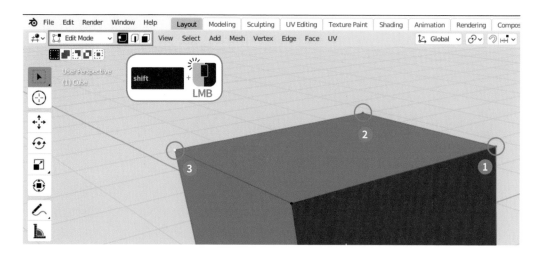

tab 키를 Ⓐ와 같이 Object 모드로 변환한 후 큐브 선택 〉 "X" 〉 Delete 〉 shift + "A" 〉 Mesh 〉 UV Sphere를 선택하여 Ⓑ와 같이 구를 생성한다.

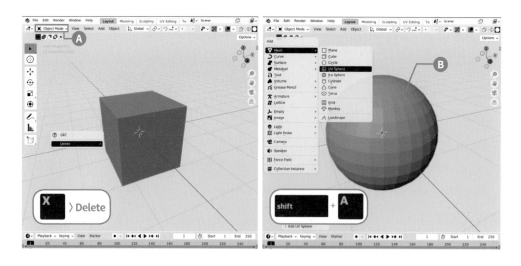

3 선택한 영역 확장/축소: **Ⓐ** 점(Vertex) 선택 〉 ctrl + 숫자 패드의 '+'와 '-'를 눌러 주면 영역이 확대/축소된다. 편집 영역을 설정할 때 주로 사용된다.

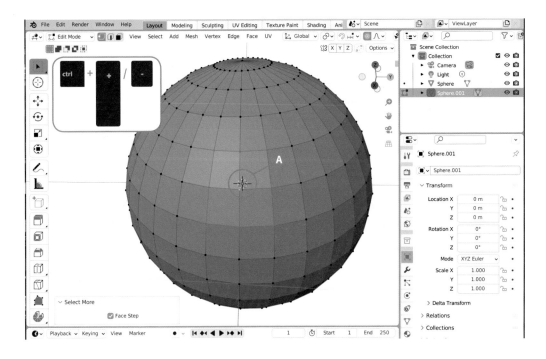

4 선택 영역 반전: Edit 〉 Face 모드에서 부분 선택 후 'ctrl+I'를 하면 우측 이미지와 같이 선택이 반전된다.

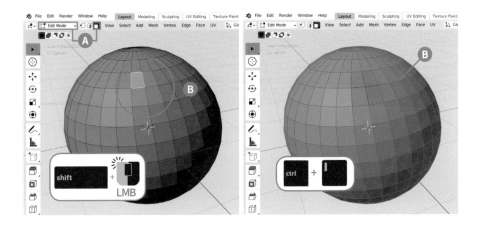

4-1 4-2 (Vertex, Edge, Face) Loop 선택, (Vertex, Edge, Face) Ring 선택: Loop와 Ring 선택을 통해서 아래와 같이 메시 흐름 방향으로 선택이 가능하다.

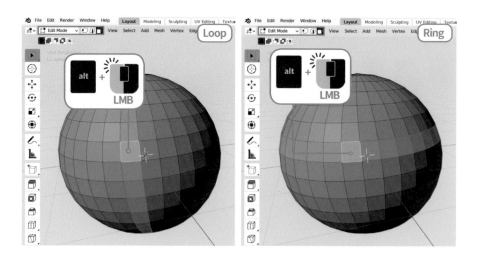

5   평행한 Edge 선택: A를 ctrl + alt + LMB 하면 아래와 B와 같이 선택된다. 따라서 A와 B의 평행한 Edge 선택 시 용이한다.

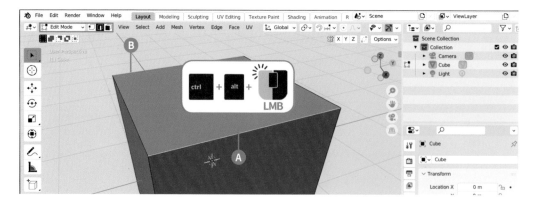

6 편집 모드에서 객체 선택: 이 명령은 여러 개의 객체를 편집 모드(Edit Mode)에서 개별 객체를 선택할 때 주로 사용된다. Edit 모드에서 마우스를 해당 객체에 올려놓고 L 키를 누르면 해당 객체 전체가 선택된다.

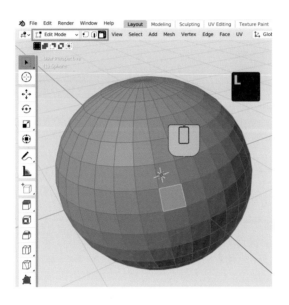

설명			단축키	
1 점/선/면 모드 ★ (Edit 상태에서 사용 가능)	Vertex Mode		1(Num 패드 아님)	Edit Mode
	Edge Mode		2(Num 패드 아님)	
	Face Mode		3(Num 패드 아님)	
III 객체 편집	이동		면 or 객체 선택 G	Object Mode에서 사용
	회전		면 or 객체 선택 R	
	크기 조절		면 or 객체 선택 S	
	2 삭제 ★		면 or 객체 선택 〉 Delete or X	Object & Edit Mode
	3 Extrude(선택한 점, 선, 면 돌출) ★		면 선택 〉 E	Edit Mode
	Face 모드에서 Extrude(E) 〉 Scale(S)하면 Inset가 됨		면 선택 〉 E + S	
	4 Extrude 창을 통해 Normal 방향으로 돌출 ★		면 선택 〉 alt + E 〉 Extrude Faces Along Normals	Edit Mode

	우 클릭한 곳에 돌출되어 면이 생성	면 선택 〉 ctrl + RMB	Edit Mode
	5 안쪽으로 면이 생성(각각의 면도 가능) ★	면 선택 〉 I(Inset)	Edit Mode
	6 선택 지점 주변 비례적 편집 On/Off ★	점 or 선 or 면 선택 〉 O 〉 G(이동)	Edit Mode
	선택된 점 주변이 같이 이동되고 Scroll을 통해 이동 범위를 축소 확대(헐렁한 옷 모델링 시 용이) ★	점 or 선 or 면 선택 〉 O 〉 G 〉 Scroll	Edit Mode
	7 선택한 부분 부풀리기(Shrink/Flatten)	점 or 선 or 면 선택 〉 alt + S (Edit Mode)	Edit Mode
III 객체 편집	**8** 객체 결합(속성은 변하지 않음) ★	ctrl + J	Object Mode
	9 선택된 객체 분리(L과 같이 사용)	원하는 객체 위에 마우스 올려 놓고 L 〉 P (Edit Mode) 〉 Selection 〉 tab	Edit Mode
	10 객체 병합 창(속성이 변함) ★	병합하고자 하는 2개의 Vertex 선택(shift+LMB) 〉 M	Edit Mode
	첫 번째 선택한 점에 병합 ★		Edit Mode
	마지막 선택한 점에 병합		Edit Mode
	두 점의 중앙에서 병합		Edit Mode

위 단축키는 눈으로만 보고 자주 사용하는 단축키는 아래 실습을 통해 익히도록 하자.

1 점/선/면 모드: tab(Edit Mode) 이후에 1(점 모드), 2(선 모드), 3(면 모드)를 사용하여 세부적으로 편집이 가능하다.

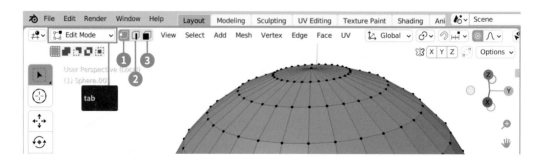

2 삭제: 영문 자판 상태에서 X 〉 Delete 하여 원하는 객체를 삭제할 수 있다.

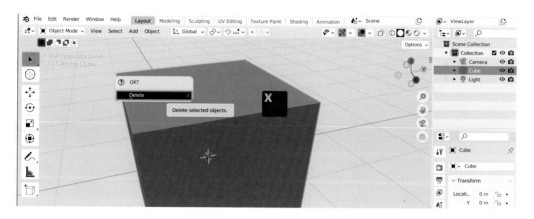

ctrl + Z 하여 원래 Cube가 있는 상태로 돌아오자

3 Extrude(선택한 면 돌출): tab(Edit Mode) 〉 3(Face Mode) 〉 A Face 선택 〉 E 〉 적당한 높이만큼 이동 〉 LMB하면 돌출이 완성된다.

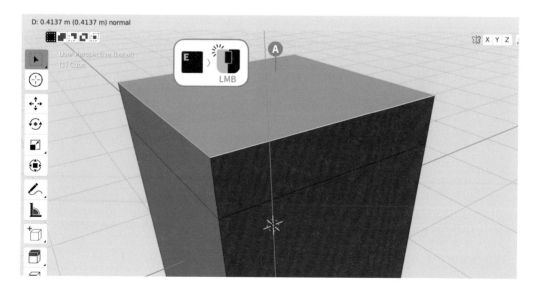

4 Extrude 창을 통해 Normal 방향으로 돌출: Edit Mode 〉 3(Face Mode) 〉 Ⓐ 면을 선택 〉 alt + E 〉 Extrude Face Along Normals 하면 객체의 노멀(법선) 방향으로 돌출되어 곡면 형태 돌출 시 용이하게 사용된다.

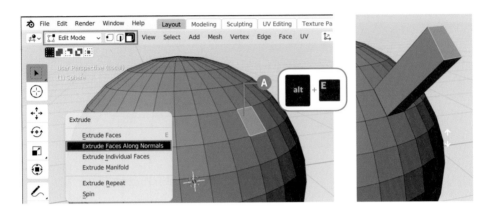

5 안쪽으로 면이 생성(Inset, 각각의 면도 가능): Ⓐ 면 하나를 선택 〉 "I" 〉 마우스 이동 〉 적당한 위치에서 LMB 하면 좌측 이미지와 같이 안쪽으로 면이 생성된다. 우측과 같이 여러 면은 따로 Inset 할 수 있다.

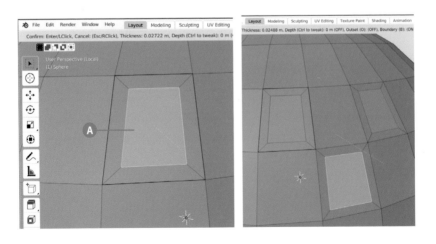

6 　선택 지점 주변 비례적 편집 On/Off: Edit 〉 Vertex 모드에서 Ⓐ 점 선택 〉 O 〉 G 〉

마우스 이동 〉 Scroll(브러시 크기 조절) 〉 LMB 하면 선택한 점 주변으로 비례적으

로 이동이 되게 된다. [참고: Scroll을 굴리면 Ⓑ의 크기가 변하게 되고, 크기가 작을

수록 선택 영역이 작아지게 된다. (Scroll은 충분히 굴려 주도록 하자.)]

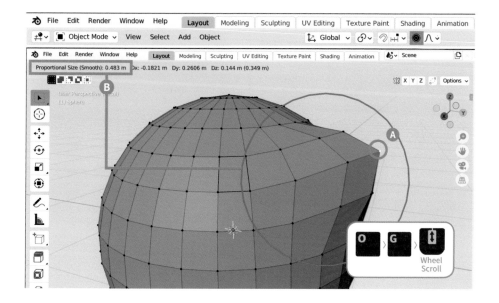

7 Shrink/Flatten 크기 조절을 위한 명령의 하나로서 면을 선택한 후(Edit/Face Mode) Ⓐ와 같이 Normal 방향으로 크기 조절이 가능하다. 오리엔테이션 방향으로 크기를 조절하는 Ⓑ "S"와 사용법은 같지만 결과가 조금 다르니 각각 비교해 보자.

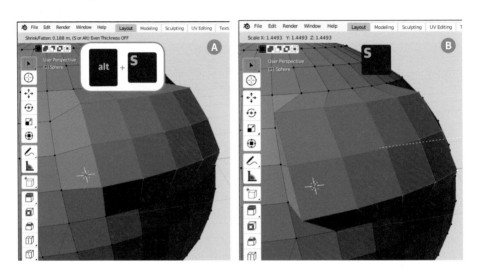

8 객체 결합(속성은 변하지 않음): Object 모드(tab)에서 객체 두 개를 서로 교차한 후 ctrl + J(Join) 하면 서로 한 덩어리로 선택되게 된다. 아래 좌측은 결합하기 전이고 우측은 결합한 후이다.

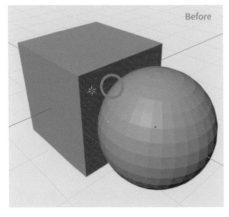
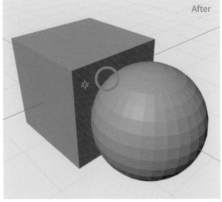

9　선택된 객체 분리(L과 같이 사용): 두 객체를 결합한 상태에서 tab(Edit Mode) 〉 3(Face Mode) 〉 마우스를 Ⓐ에 올려놓은 상태에서 "L" 키를 누르면 우측과 같이 분리할 객체가 선택되게 된다. 다음 "P" 〉 Selection 하면 Join 했던 객체가 분리된다. tab 하여 Object 모드에서 객체를 선택하면 분리 여부 확인이 가능하다.

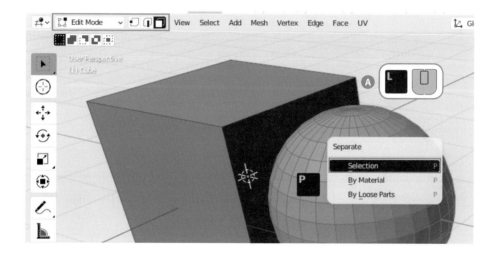

10　객체 병합 창(속성이 변함): Edit 모드 〉 Vertex 모드 〉 Ⓐ 선택 〉 shift + Ⓑ 선택 〉 "M" 하면 Merge 창이 보이고 병합되는 기준점을 아래와 같이 선택할 수 있다. (두 점은 중심으로 병합되게 된다.)

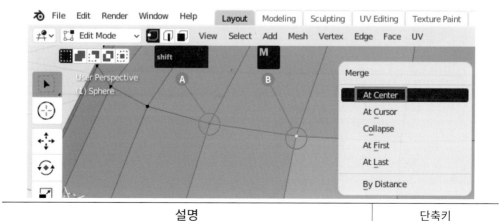

| 설명 | 단축키 |

	11	Bevel(모깎기) Edge ★	ctrl + B
		Bevel(모깎기) Vertex ★	ctrl + shift + B
	12	Loop Cut ★	ctrl + R
	13	면을 자르고자 할 때 사용한다. ★	K
	14	Edge 선택 후 F 하면 면이 채워진다. ★	F
	15	Vertex가 Edge를 따라 이동 ★	shift + V
	16	Vertex가 Edge를 따라 이동 ★	G × 2
	17	Command 창	F3
	18	면 뒤집기 ★	F3 〉 Normals > Flip
III 객체 편집		3D Cursor를 0점으로 이동	shift + C
		3D 커서 이동	shift + RMB
		선택된 Vertex/ Edge 제거	ctrl + X
		Vertex와 Edge 돌출 생성	ctrl + RMB
		Edges 선택 후 Y = Split("G"키로 이동하여 Split 여부 확인)	Y
		Vertex 선택 후 V = Vertex 떼어내기	V
		특정 부분에 달라붙게 하기 위한 명령 Snap On/Off ★	shift + tab(Snap)
		선택된 객체 숨기기 ★	H
		숨겨진 객체 모두 보이기 ★	alt + H
		선택한 객체를 제외한 나머지 요소 숨기기 ★	shift H
	19	선택된 객체만 편집하는 Local View 실행	Num /(토글)
	20	메시 생성 ★	shift + A
	21	X-Ray Mode On/Off★	alt + Z(Shading)
		객체 상속	ctrl + P 〉 Object
		객체 상속 해제	alt + P 〉 Clear Parent
		반전 선택(여러 객체 중 선택된 객체 반전) ★	ctrl + I

위 단축키는 눈으로만 보고, 자주 사용하는 단축키는 아래 실습을 통해 익히도록 하자

11 Bevel(모깎기): 모깎기는 아이템의 마모 부분에 많이 사용되며 크게 두 가지로 나뉠 수 있다. 모서리인 Edge를 깎는 것과 꼭짓점과 같은 Vertex를 깎는 방법이다. 1 Edit Mode 〉 2 Edge Mode 상태에서 3 모서리 Edge를 하나 선택하고 ctrl + B 〉 마우스 이동 〉 LMB 하면 좌측 하단에 A와 같이 옵션 창이 뜨게 된다.

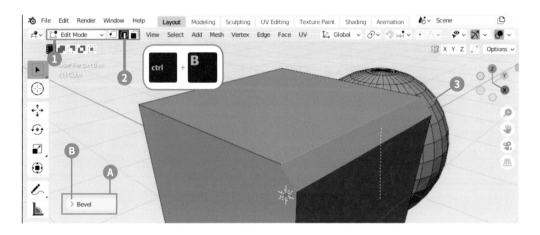

B 부분 꺽쇠를 통해 창을 활성화/비활성화 할 수 있다. 주로 사용하는 옵션은 Width(폭의 넓이)와 Segments는 폭 사이에 생성할 Segment의 개수를 의미한다.

많으면 많을수록 부드러운 모델링이 되지만, 그만큼 데이터가 많이 소요됨으로 폰트 통일 한 개에서 세 개까지가 적당할 것이다.

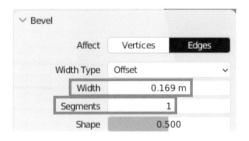

이번에는 **1** 1 (Vertex Mode)에서 **A**와 같이 Vertex 한 개를 선택하고 ctrl + shift + B 〉
마우스 이동 〉 LMB 〉 enter 하여 **B**와 같이 마모를 표현한다. [참고: 좌측하단 Bevel 창을
활성화한 후 Segments의 개수를 조절할 수 있다.]

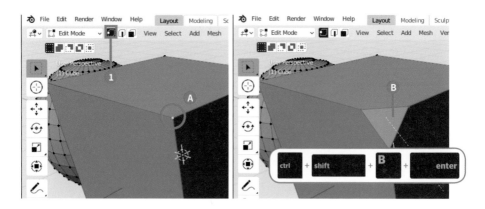

12 Loop Cut: Edit Mode 〉 ctrl + R 〉 enter 〉 esc 하면 우측과 같이 옵션 창이 보이게 되고
우측 이미지 Number of Cuts를 통해 몇 개로 자를 것인지 결정할 수 있다. [참고: enter
하기 전에 스크롤을 굴리면 Cut 개수가 중심을 기준으로 늘어나게 할 수도 있다.]

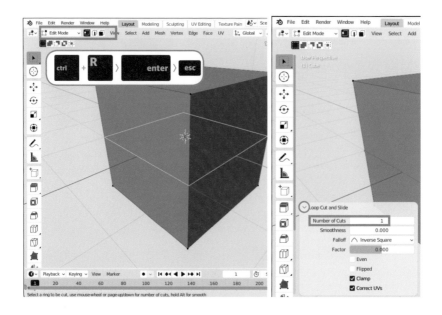

13 Knife(나이프): 면을 분할 또는 자르고자 할 때 사용하며 K 〉 Ⓐ 부분과 Ⓑ 부분을 클릭하여 자르되 shift를 누른 상태에서 클릭하면 정확히 중앙에 스냅이 되게 된다. 종료가 되면 enter 하면 된다. (취소하려면 esc하면 된다.)

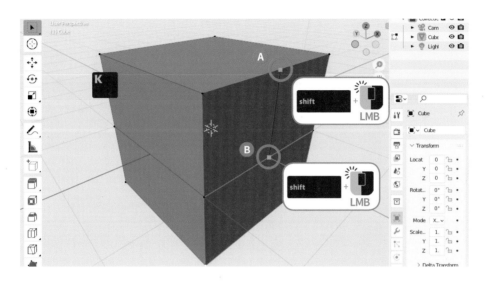

14 면 생성: 우선 Face Mode에서 Cube 상단 면(Ⓐ)을 선택 후 X 〉 Only Faces 하여 면을 삭제한다. Edte Mode에서 alt + Edge 선택하면 Loop 선택이 될 것이다. 이후 F 하면 면이 채워 Edge 안으로 면이 생성되게 된다.

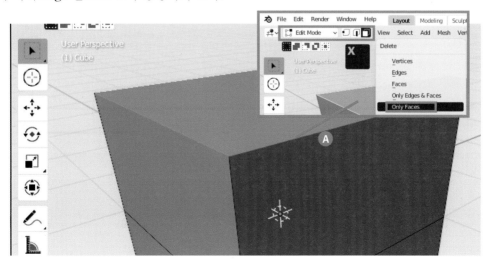

15 Vertex가 Edge를 따라 이동: 객체를 편집하기 위해서 Vertex를 "G"키로 이동할 때 직교 방향이나 Normal 방향으로 움직임으로써 고유의 형태가 외곡되는 경우들이 있다. 이런 문제를 피하기 위해 아래 명령은 자주 사용된다. 먼저 '1' Vertey Mode에서 이동하고자 하는 점(Ⓐ)을 선택하고 shift + V(좌측) 하거나 G × 2(우측) 점이 Edge를 따라 이동할 수 있게 된다.

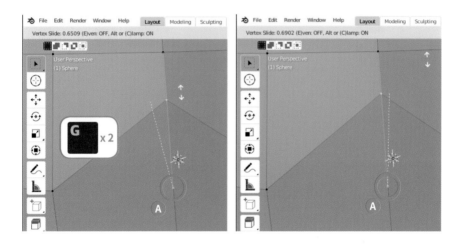

16 Command 창: 검색을 할 수 있는 명령 창으로서 다양한 명령을 프롬프트 형태로 입력하면 된다.

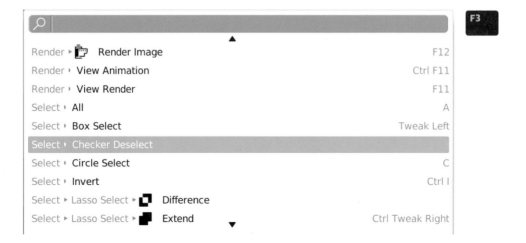

17 면 뒤집기: ❶ Viewport layout 〉 ❷ face Orientation 체크한 다음, 뒤집기 해야 육안
으로 확인이 가능하다. [참고: Ⓐ 상단 메뉴바에서 Ⓑ Viewport layout이 보이지 않
으면 상단 툴바에 마우스를 올려놓고 휠을 굴려서 뒷부분의 숨겨져 있던 메뉴를 확
인할 수 있다. 객체에서 파랗게 보이는 부분은 정상적인 면이다. 만일 뒤집어진 면
일 경우 붉은색으로 보이게 된다.]

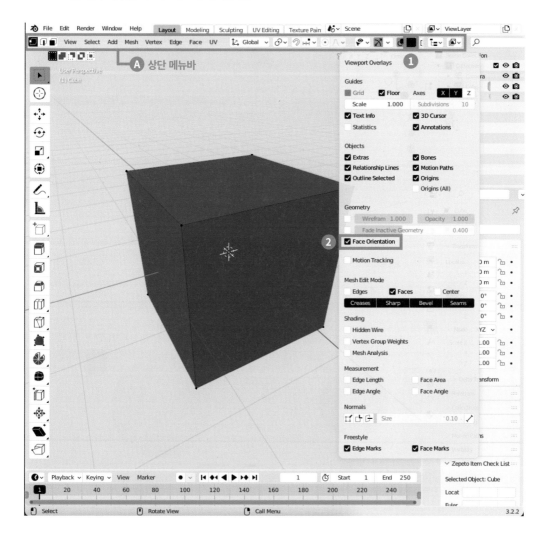

이번에는 정상적인 면(Ⓐ)을 뒤집어서 아래와 같이 붉게 만들어 볼 것이다. F3 〉 Flip 하여 아래와 같이 면을 뒤집어 보자. 만일 면이 뒤집어진 객체가 있다면 뒤집어진 면 부분에는 Texture가 반대로 적용이 되기 때문에 실질적으로 Texture는 보이지 않게 된다.

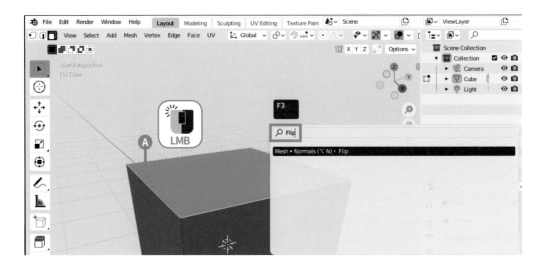

18 선택된 객체만 편집하는 Local View 실행: Object 모드에서 원하는 객체를 선택한 후 숫자 패드 "/"를 하면 선택한 객체만 보일 것이다.

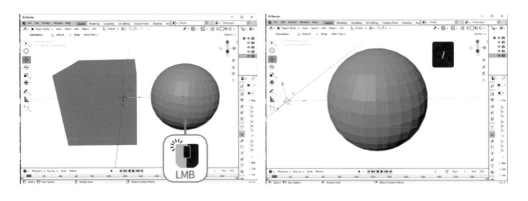

19 Mesh 생성: shift + A: 좌측은 Object Mode에서의 Mesh 생성 메뉴이고 우측은 Edit Menu에서의 Mesh 생성 메뉴이다.

20 X-Ray Mode: 좌측은 X_Ray 이전이고, 우측은 이후의 이미지를 보여 주고 있다. 반 투명하게 보이므로 상황에 따라 사용하면 매우 편리하다.

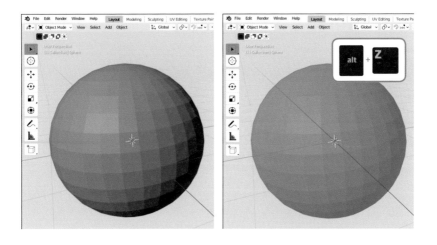

설명		단축키
	① Apply 메뉴 ★	ctrl + A
	Vertex 메뉴	ctrl + V
	Edge 메뉴	ctrl + E
IV	Face 메뉴	ctrl + F
메뉴	Unwrap 메뉴 ★	U
	Extrude 메뉴 ★	alt + E
	Normal 메뉴 ★	alt + N
	Snap 메뉴	shift + S
V	VIewport 왼쪽의 Tool Bar On/Off	T
UI	② Viewport 오른쪽 변형 메뉴 On/Off ★	N
	Snap 파이 메뉴	shift + S
VI	셰이딩 선택 파이 메뉴 ★	Z
셰이딩	와이어 모드	shift + Z

위 단축키는 눈으로만 보고 자주 사용하는 단축키는 아래 실습을 통해 익히도록 하자.

1 Apply 메뉴: Apply 메뉴는 ①, ②, ③, ④ 과정을 거쳐 완성한 두께(Solidify)를 적용하기 위해 ⑤를 적용(Apply)하거나 마우스를 올려놓고 ctrl + A 하면 ②와 같이 Solidify가 사라지면서 성공적으로 적용되게 된다.

[주의: Edit Mode에서는 ⑥과 같이 Apply가 적용되지 않으니 꼭 Object Mode에서 하도록 하자.]

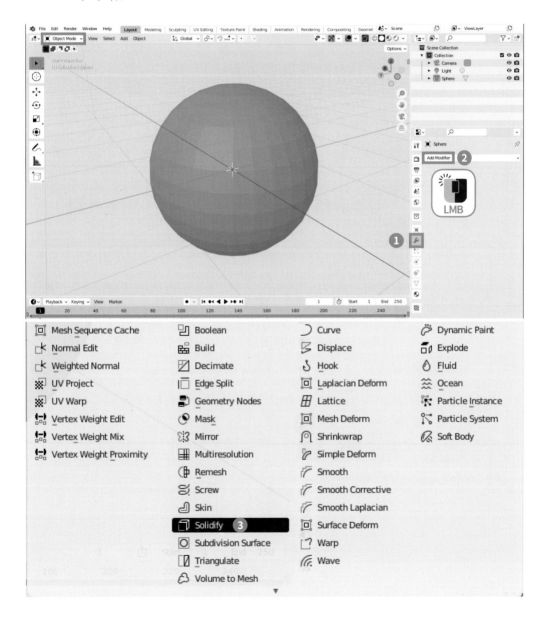

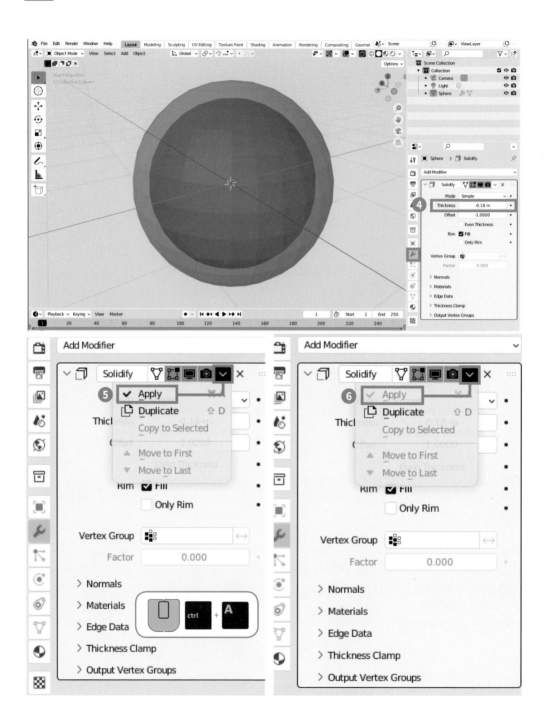

2 Viewport 오른쪽 변형 메뉴 On/Off: Viewport 상에서 'N'키를 입력하게 되면 아래와 같이 변형 메뉴가 나타나게 된다. [참고: 변형 메뉴에는 다운로드하여 설치한 Add-on 메뉴가 표시되게 된다.]

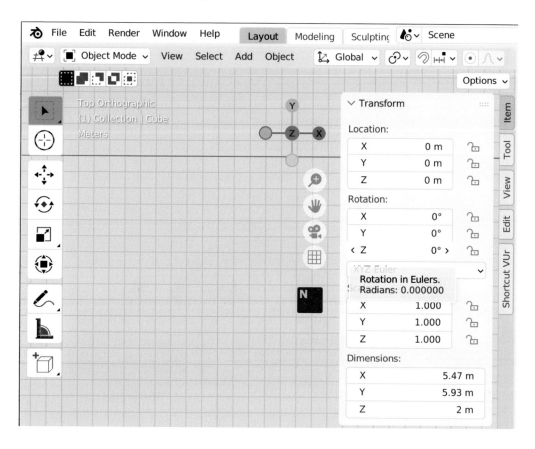

02 | 호박 Pumpkin_F

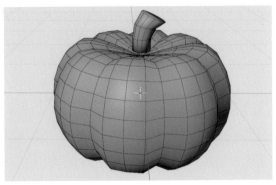

※ 기존 Cube를 지우고 새로운 객체를 생성하여 할 것이다. 앞으로 매번 기존 Cube는 사용하지 않고 새롭게 생성해서 사용할 것이고 삭제 방법도 생략하도록 할 것이다.

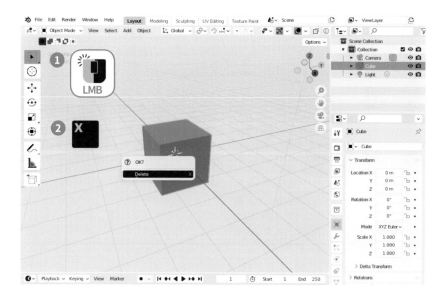

1. 기존 Cube는 삭제하고 ("X" > Delete) ① UV Sphere를 추가한 후 ② Edit Mode로 들어간다.

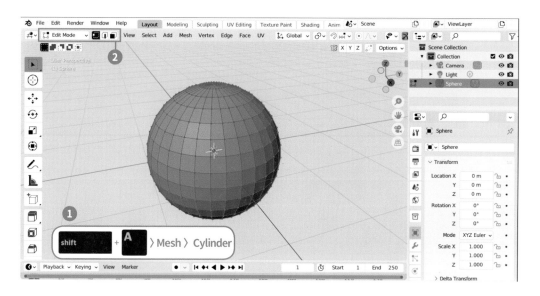

2. ❶ 호박의 윗부분인 Ⓐ를 선택하여 ❷ Vertey Ⓐ를 -Z 방향으로 이동한다. 이때 반드시 ❶ Proportional Editing은 체크된 상태여야 하고 마우스 휠을 굴려 적용 범위 Ⓑ를 조절한다.

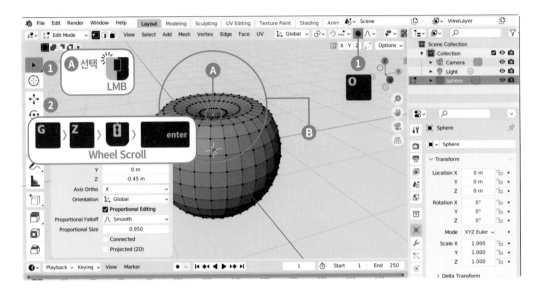

3. 호박의 아랫부분인 Ⓑ를 ❶ 선택하여 ❷ Z 방향으로 0.45만큼 이동한다.

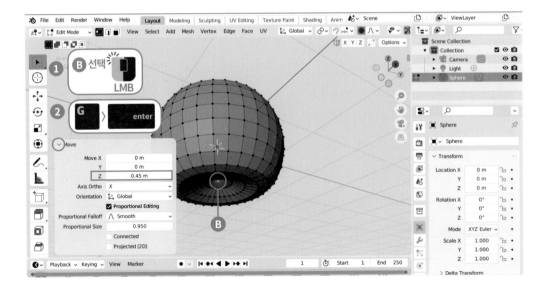

4. "O" Proportional Editing 해제 〉 "A" 모두 선택한 후 "S" 〉 전체적으로 Z축만 크기를 조절한다.

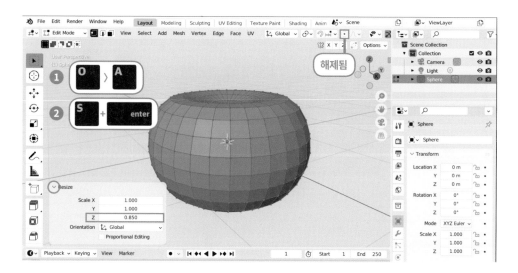

5. 호박의 주변으로 홈을 만들기 위해 아래와 같은 간격(세 줄 건너 한 줄)으로 다중 Loop 선택한다. [참고: 일일이 선택하기 어려운 경우 Ⓐ와 Ⓑ를 다중 Loop 선택한 후 shift + ctrl + '+' (Num)를 하면 설정된 간격에 맞춰서 선택되고 '+'를 누를 때마다 Edge가 추가되고 Ⓐ Select 〉 Select Loops 〉 Edge Loops를 통해 루프 선택이 완성된다.]

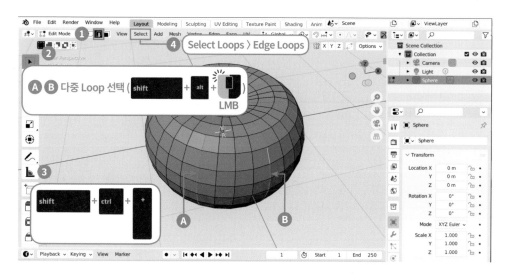

6. 선택된 Edge들의 크기를 줄인다.

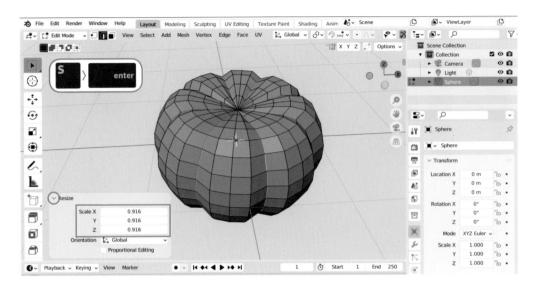

7. 이번에는 상부 꼭지를 만들기 위해 Cylinder를 삽입한다.

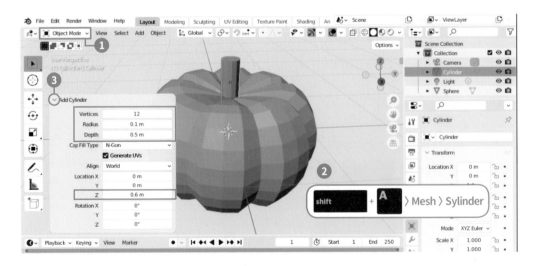

8. Loop Cut을 사용해 Edge를 두 개 추가한다.

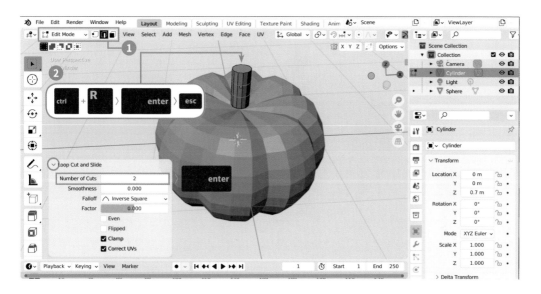

9. ① X축 기준에서 ② X-Ray 모드로 전환 후 Ⓐ를 ③ Loop 선택(alt+LMB)한 후 ③ 크기 조절과 ④ 회전 그리고 ⑤ 이동을 적절히 사용하여 아래와 같은 모양을 만든다. Ⓑ도 같은 방식으로 진행한다.

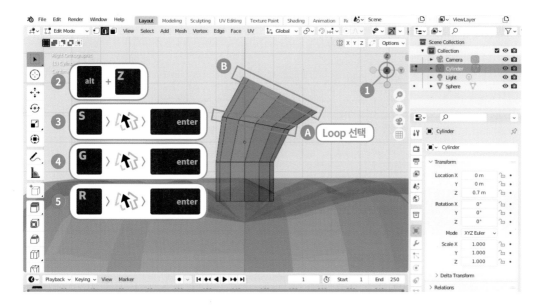

10. ❶ Object 모드에서 두 객체를 ❷ 다중 선택한 후 ❸ 부드럽게 Shade Smooth 한다.

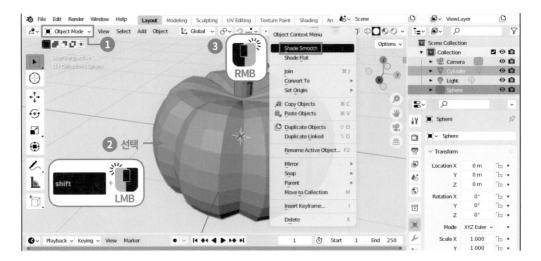

03 | 당근 Carrot_F

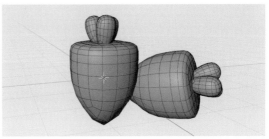

1. 기존 Cube는 삭제하고 새로 ❶ Cube를 추가한 후 ❷ Modify Properfy를 선택한다. (기존 Cube를 삭제하지 않고 그대로 사용해도 무방하다.)

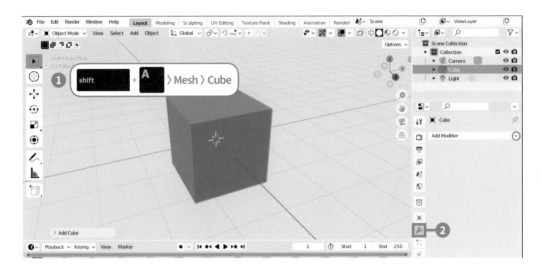

2. Add Modifier에서 Subdivision Surface를 추가한다.

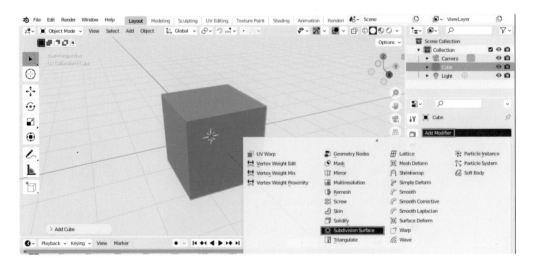

3. Levels Viewport를 추가하여 아래와 같이 부드러운 구 형태를 만든다.

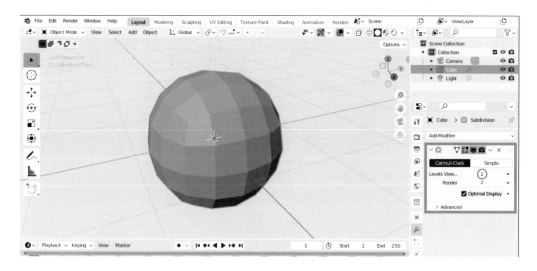

4. ❶ Edit 모드 〉 Vertex 모드에서 ❷ Edge를 추가하여 윗부분을 당근의 윗부분처럼 원만하게 만든다.

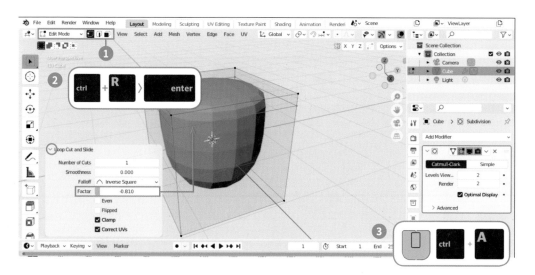

5. 하단의 점(Vertex) **1**을 선택하여 **2** Proportional Editing 〉**3** 이동한다.

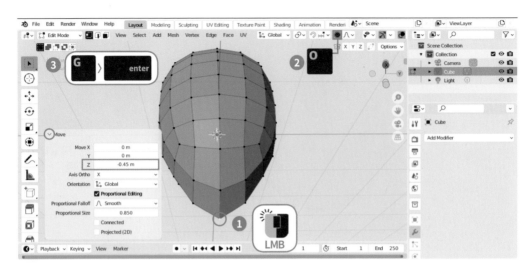

6. **1** Object 모든 〉 **2** 선택 〉 **3** RMB 〉 Smooth하여 당근 몸체를 부드러운 Shade로 만든다.

7. 당근 잎을 만들 Cube를 생성한다.

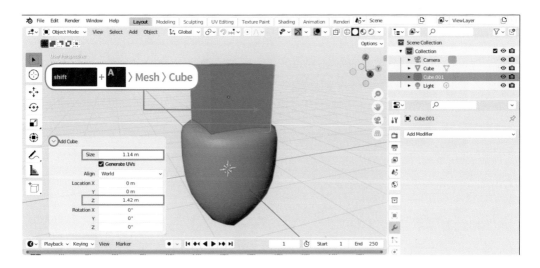

8. 당근 잎 객체에 Subdivision을 추가한다.

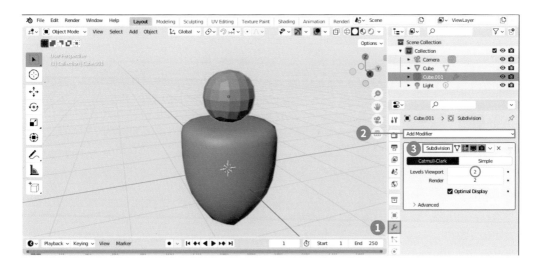

9. Subdivision을 적용(①) 〉 ②하고 ③ Alt + Z하여 X-Ray 모드로 만든 후 아래와 같이 ④ 점(Vertex)을 선택 ⑤ Proportional Editing 선택 〉 ⑥ 아래로 이동하여 모양을 길게 한다.

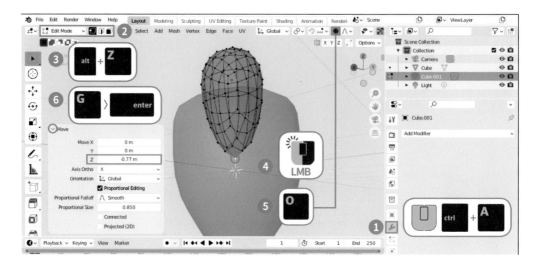

10. ① 당근 잎을 선택한 후 ② 크기를 반으로 줄이도록 한다.

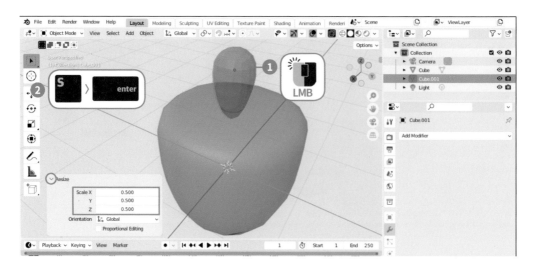

11. ① 위에서 보는 상황에서 당근 잎 ②를 ③ 복사하여 총 3개가 되도록 한다. 그런 다음 당근 잎을 다중 선택하여 보기 좋게 중앙으로 이동한다. (위치가 마음에 들지 않는다면 "G" 키로 이동하여도 좋다.)

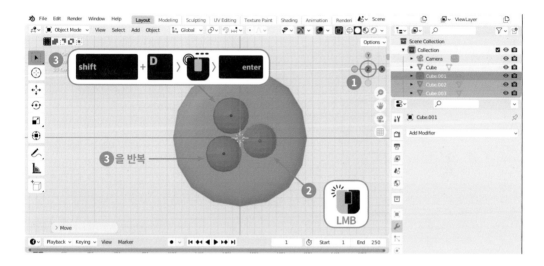

12. 당근 잎을 부드러운 Shader로 만들어 준다.

[참고: 당근 잎 각각 선택한 후 이동(G), 회전(R), 크기 조절(S)을 사용하면 좀 더 불규칙한 자연스러움을 연출할 수 있다.]

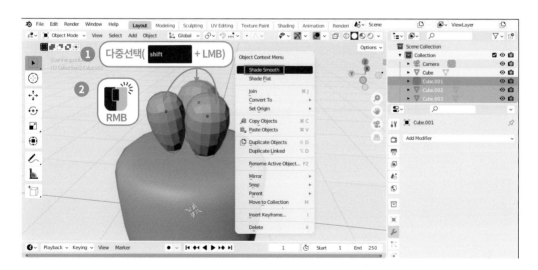

04 | 배터리 Battery_F

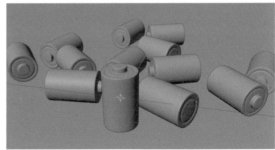

1. 기존 Cube는 삭제하고 Cylinder를 생성하여 치수를 조절한다.

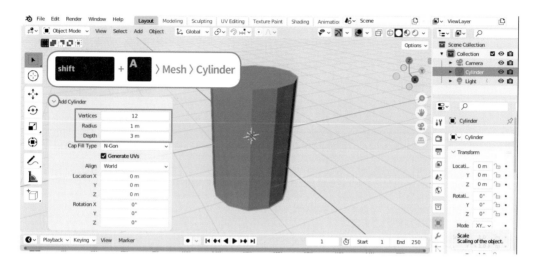

2. 윗면(Ⓐ)과 아랫면(Ⓑ)을 각각 삭제한다.

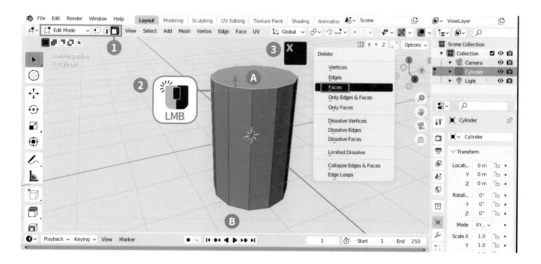

3. 돌출하고 크기를 조절하여 아래와 같이 면을 생성한다.

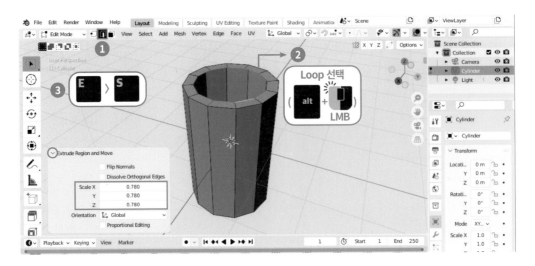

4. 위와 같은 방식으로 ① X-Ray 〉 ② 면을 추가한다.

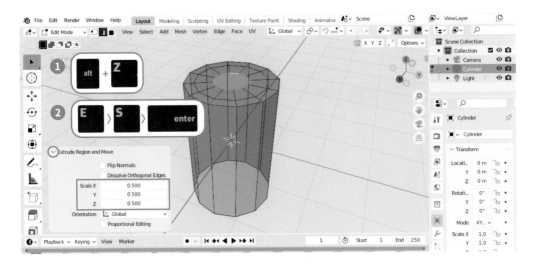

5. 건전지의 양극이 되는 부분을 직선 돌출한다.

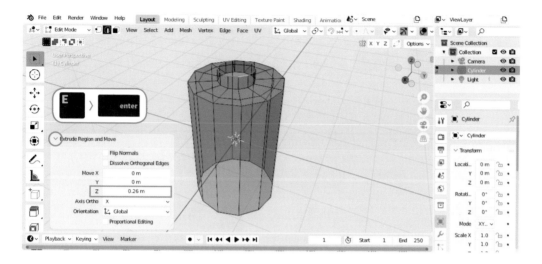

6. Edge가 선택된 상태에서 "F" 키로 윗면을 닫아 주도록 하자.

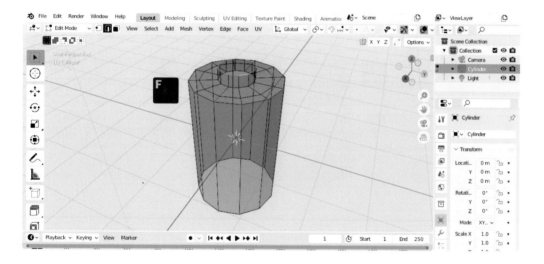

7. 건전지의 아랫면도 면을 추가하자.

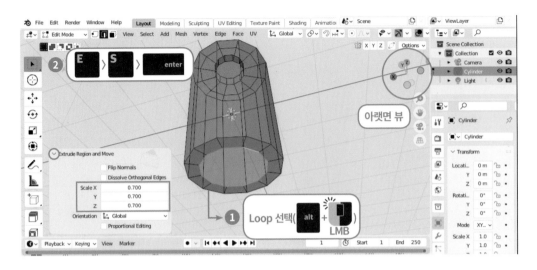

8. Edge가 선택된 상태에서 윗면을 닫아 주도록 하자.

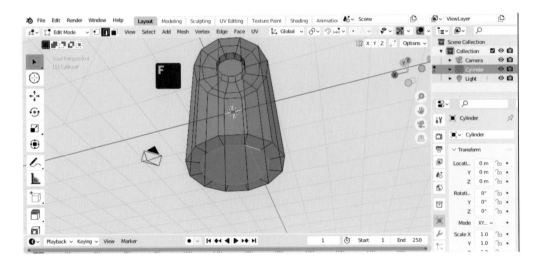

9. Bevel 명령을 사용하여 선택된 Edge 주변으로 Edge를 추가하자.

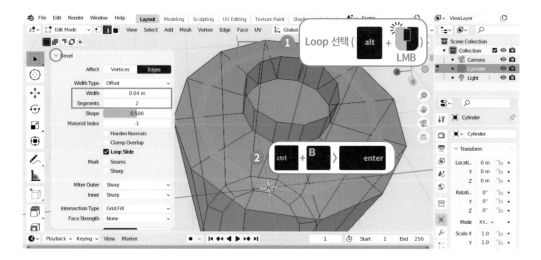

10. 중간의 Edge를 아래로 이동하여 오목한 요철을 만든다.

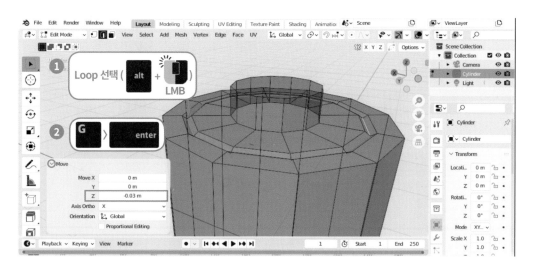

11. 건전지 아랫부분도 같은 방식으로 Bevel 명령을 사용하여 선택된 Edge 주변으로 Edge를 추가하자.

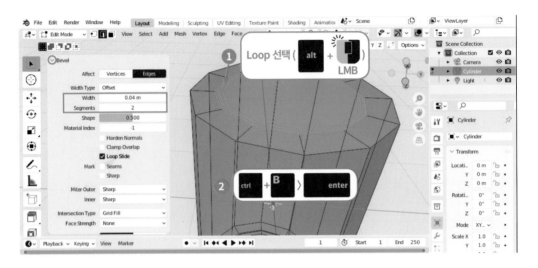

12. 중간의 Edge를 아래로 이동하여 요철을 만든다.

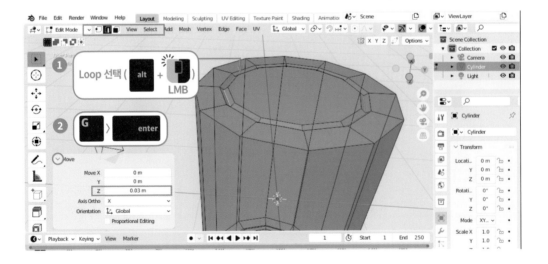

13. 이번에는 모서리 부분을 부드럽게 깎는 모깎기 작업을 각각 Bevel로 실행해 보도록 하자.

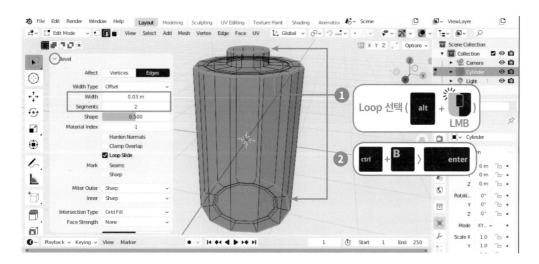

14. 같은 방식으로 모깎기 한다.

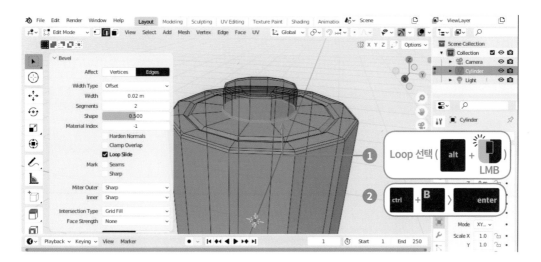

15. Shade를 부드럽게 한다.

05 | 폭탄 Bomb_F

1. 기존 Cube를 "X"로 지우고 새로운 Cube를 생성하자.

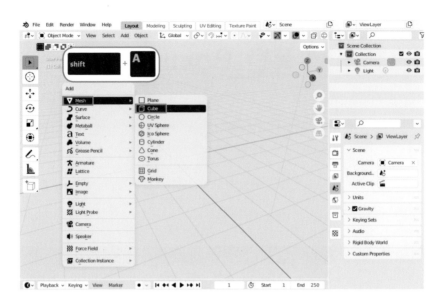

2. 생성된 Cube는 치수 변경 없이 그대로 사용할 것이다. ① Modifire properties를 선택한다.

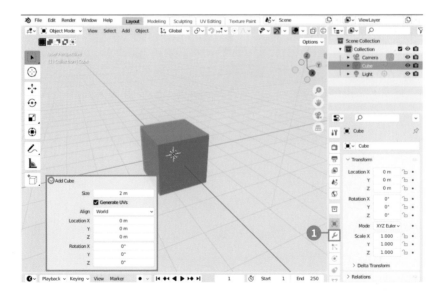

3. Cube에 ①, ② Subdivision을 추가하도록 하자.

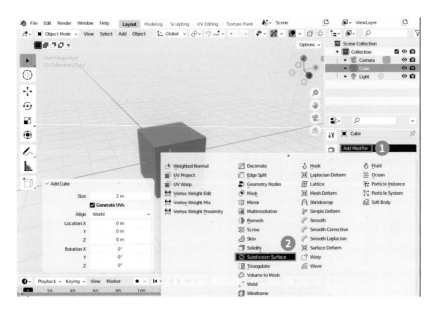

4. Subdivision Level을 조절하여 Mesh를 조금 더 추가하여 구 형태로 만들다.

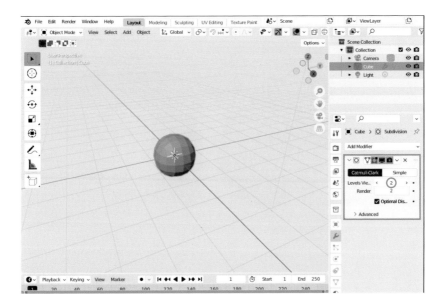

5. 추가로 Cylinder도 추가한다. 폭탄의 상부를 제작할 것이다.

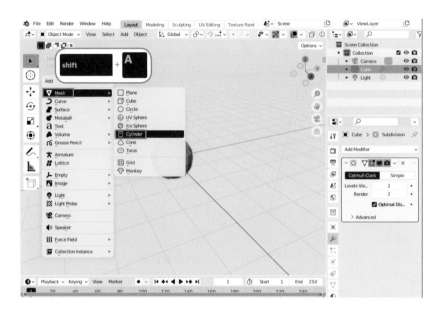

6. Cylinder의 치수를 아래와 같이 수정한다.

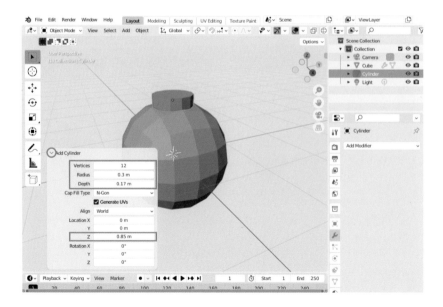

7. 상단 면을 크기 조절하여 윗부분이 조금 넓게 되도록 조절한다.

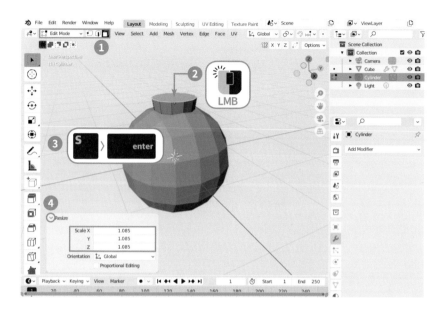

8. 심지의 기준이 될 Path를 추가한다.

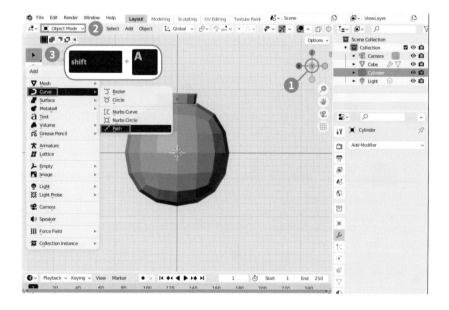

9. Ⓐ와 같이 폭탄 심지를 만들 Path가 생성되었다.

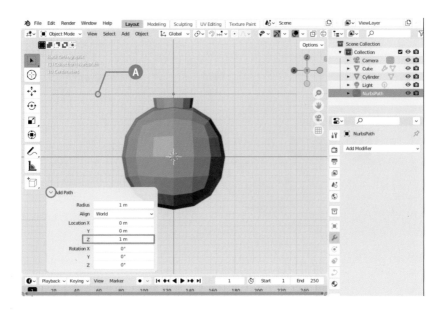

10. 점(Vertex)을 각각 ❷ 선택하고 ❸ 이동하여 아래와 같이 폭탄에 연결되어 있는 심지를
표현한다.

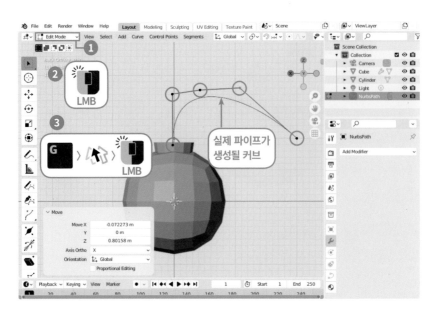

11. Path는 파이프 형태의 심지를 만들기 위해서 Curve로 변환해야 한다.

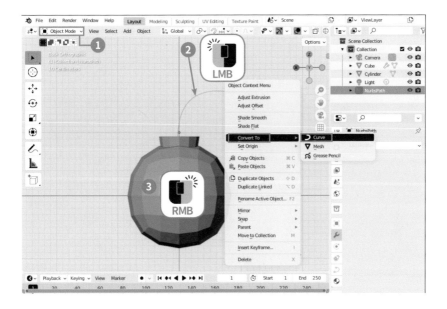

12. Curve 상태에서 Object Data 속성 창의 Bevel 값을 조절하면 아래와 같이 파이프 형태
가 보이게 된다.

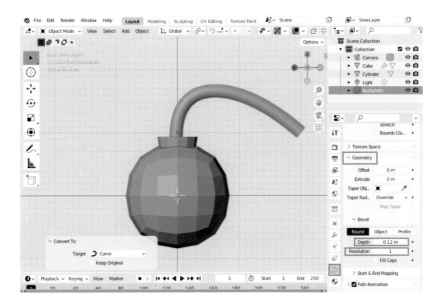

13. 위 12에서의 Resolution 값과 Resolution Preview U값을 조절하여 Mesh를 줄임으로 써 데이터를 가볍게 할 수 있다.

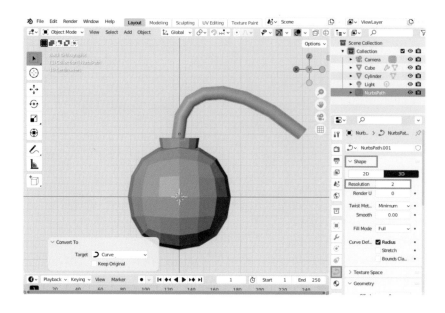

14. Mesh의 구조를 보고 싶으면 Wireframe을 체크하면 아래와 같이 볼 수 있다.

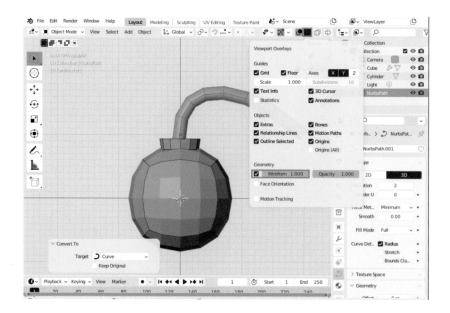

06 | 로켓 Rocket_F

1. 기존 Cube는 삭제하고 새로운 Sphere를 생성한다.

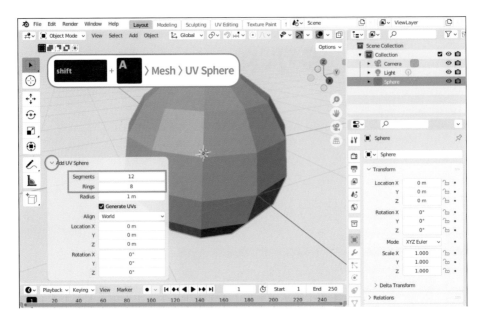

2. ③ X-Ray모드에서 ④, ⑤ Sphere의 절반을 삭제한다.

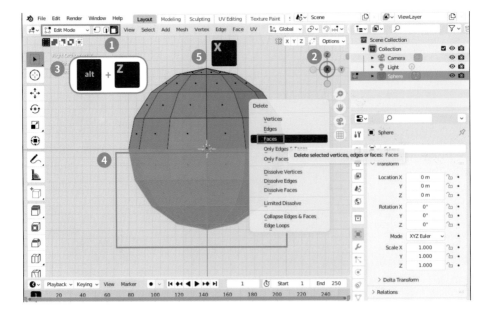

3. 아래로 직선 돌출한다.

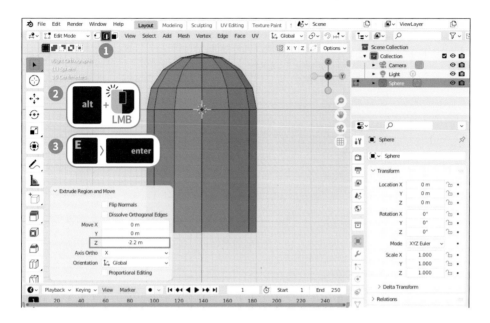

4. 크기를 조금 줄여서 아래가 좁아지는 로켓 모양이 되게 한다.

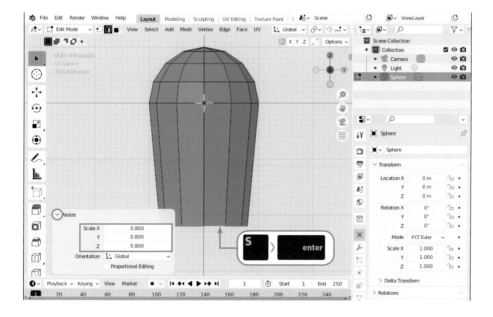

5. Ⓐ가 선택된 ② 상태에서 돌출하고 크기를 조절한다.

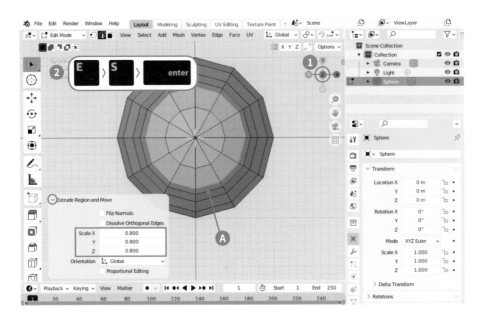

6. 위 5의 Ⓐ가 선택된 상태에서 Ⓑ와 같이 돌출한다.

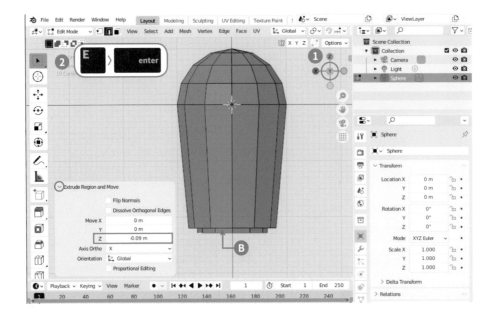

7. 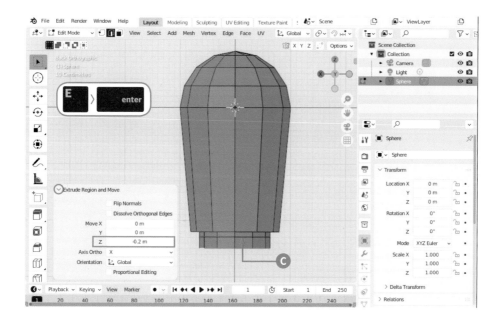가 선택된 상태에서 위 6과 같은 방식으로 돌출한다.

8. 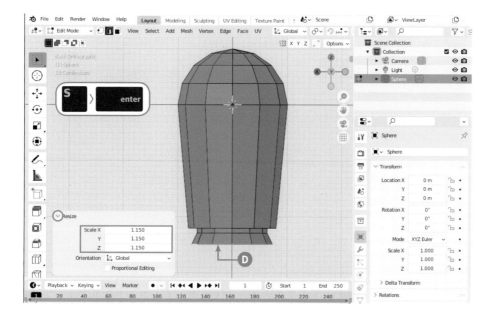가 선택된 상태에서 S 〉 enter 하여 크기를 조절한다.

9. ⒺE가 선택된 상태에서 E 〉 enter 하여 돌출한다.

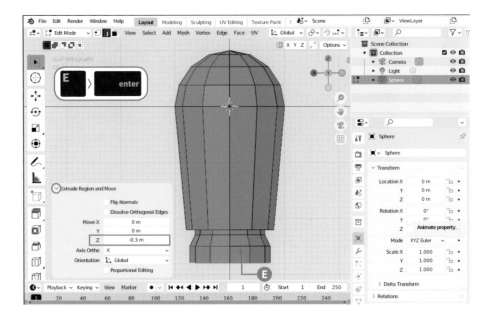

10. ⒻF가 선택된 상태에서 ②2 로켓의 아래쪽을 돌출하고 크기를 조절한다.

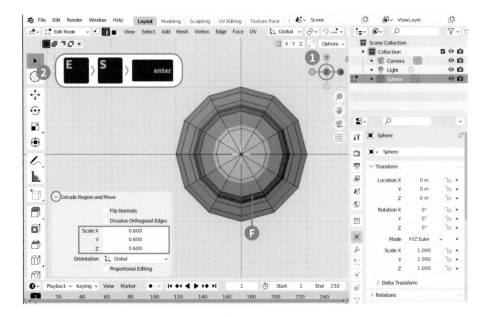

11. 아래 열려 있는 구멍을 닫아 준다.

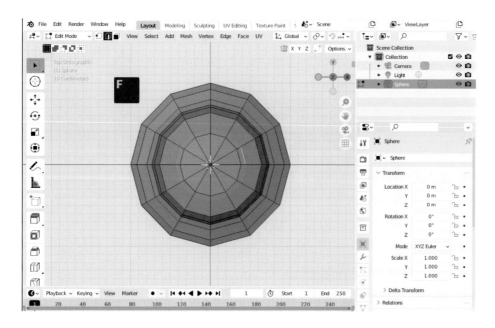

12. 이번에는 Cube를 생성하여 날개 부분을 만들어 보자.

13. 옵션 창에 값을 입력하여 적당한 위치에 배치한다.

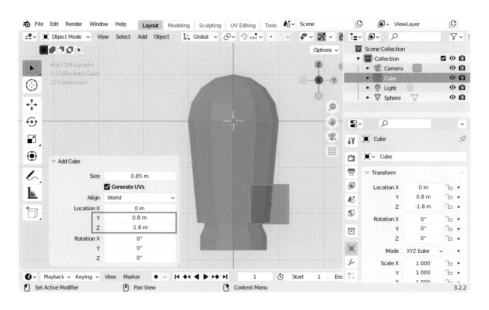

14. ① Edit 〉 Vertex 모드에서 ② 점(Vertex)을 선택 ③ 이동하여 날개 모양을 만든다.

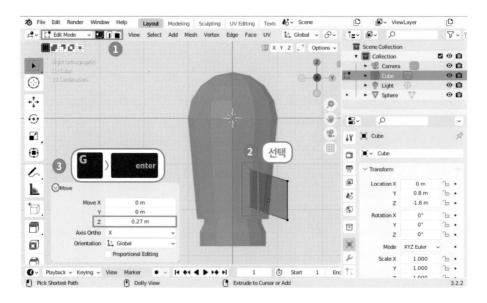

15. 아래와 같이 점(Vertex)을 이동하여 추가적으로 날개 모양을 만든다.

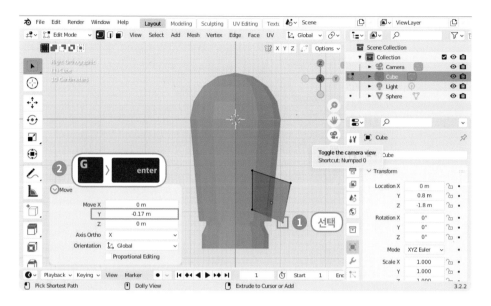

16. Top View에서 날개폭을 조절한다.

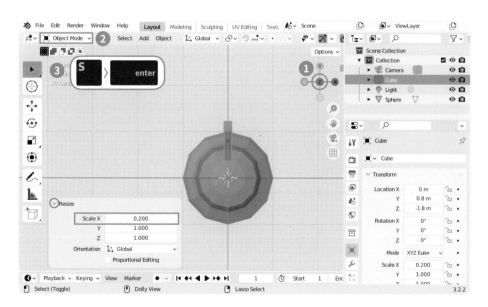

17. 날개를 회전 배열하기 전에 Ⓐ Transform 정보를 ②와 같이 재설정해야 한다.

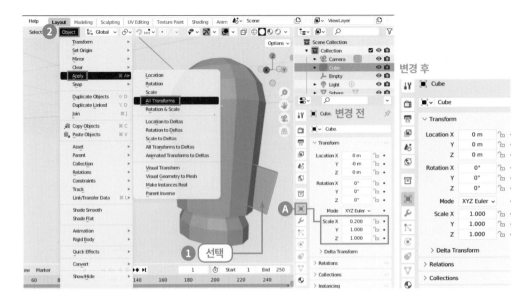

18. ① Top view에서 ② shift+A 하여 Plain Axes를 추가한 후 Ⓐ 중심점(기준점)을 추가한다.

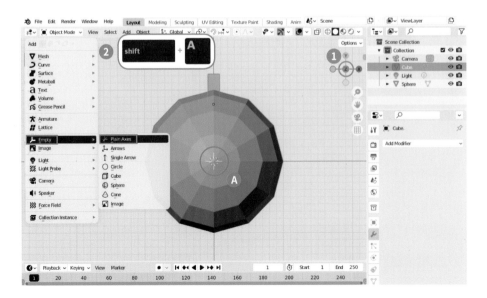

19. 날개 객체의 중심점 Ⓐ를 중심점 커서 Ⓑ로 이동하여야 회전 배열이 원활하게 이루어진다.

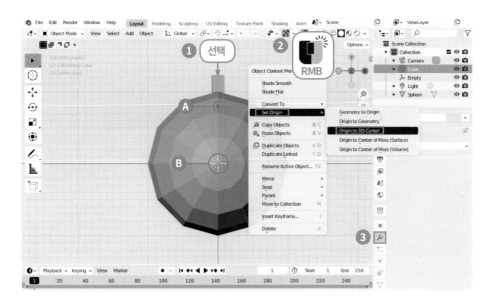

20. 원형 배열 명령을 실행한다.

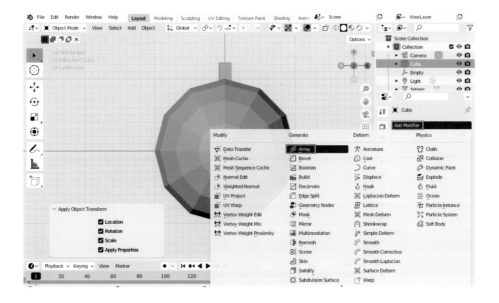

21. 배열된 날개 개수를 3개로 지정한다.

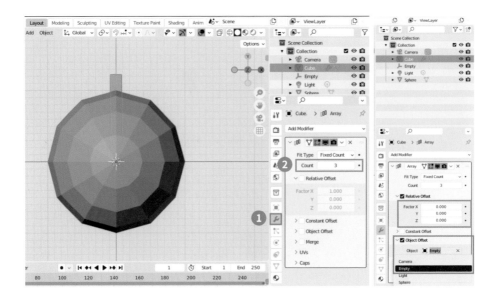

22. 회전 각도(120°)를 지정하여 3개가 회전 배열되도록 한다.

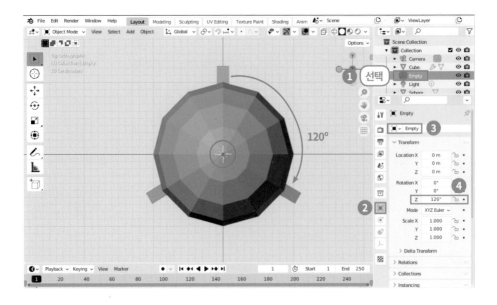

07 | 검, 칼 Sword_F

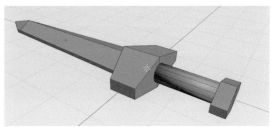

1. 기존 Cube 객체를 선택한 후 "X" 〉 Delete 하여 삭제한다.

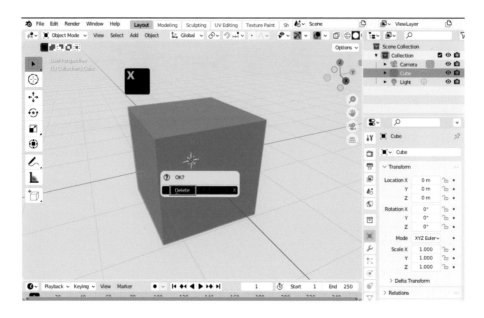

2. 칼날을 만들 새로운 Cube를 추가하도록 하자.

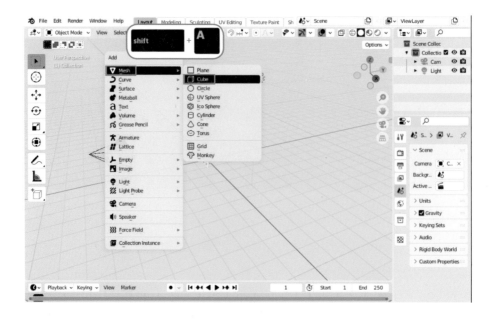

3. Cube의 Y축 위치를 변경한다.

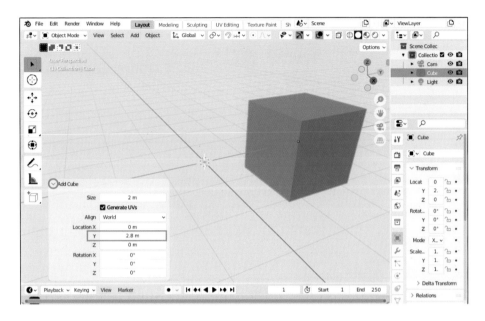

4. 칼날의 크기에 맞게 수정한다.

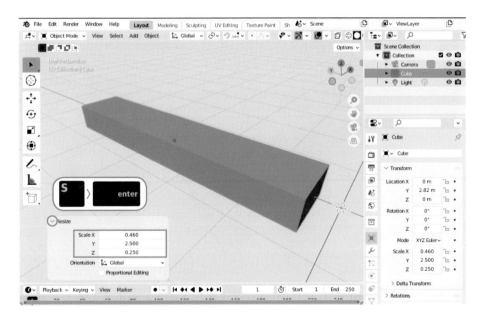

5. 가드를 만들기 위해 Cube를 추가한다.

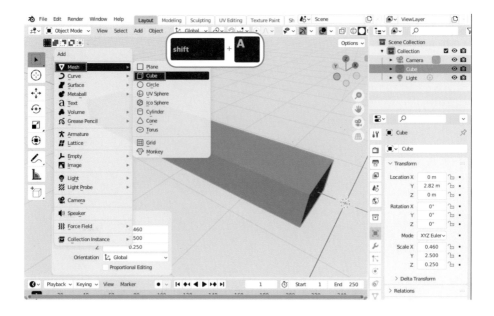

6. 가드의 크기를 수정한다.

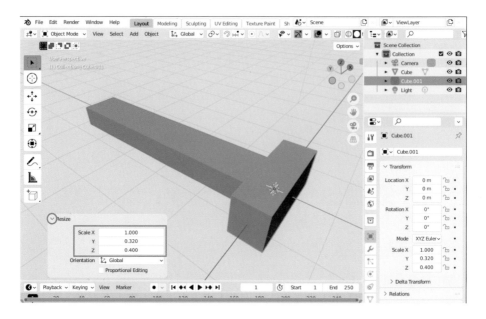

7. 이번에는 자루로 사용될 Cylinder를 추가한다.

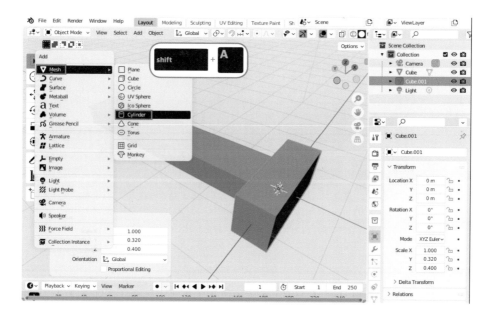

8. 자루의 크기를 조절한다.

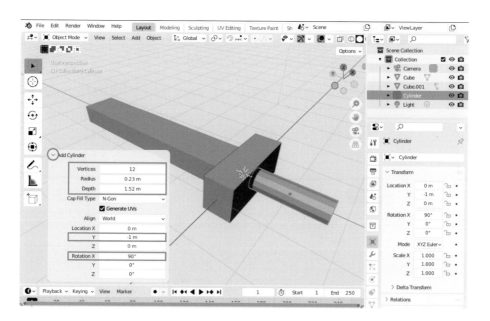

9. 자루 머리에 사용될 가드를 복제한다.

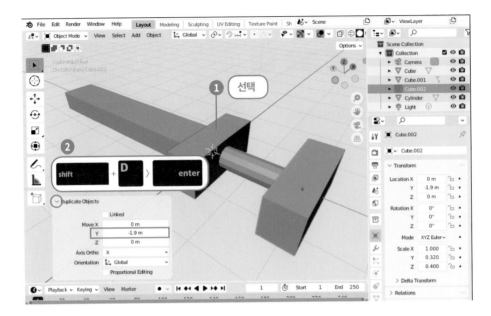

10. 이번에는 자루 머리 Ⓐ의 크기를 조절한다.

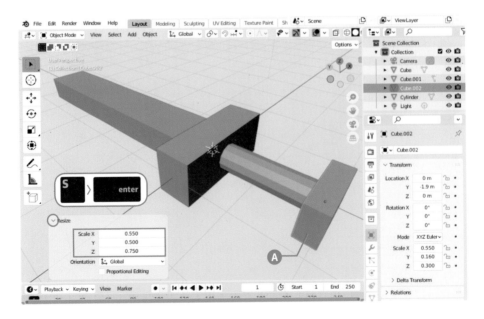

11. **1** Edit 모드로 전환 후 **2**와 같이 Loop Cut 한다.

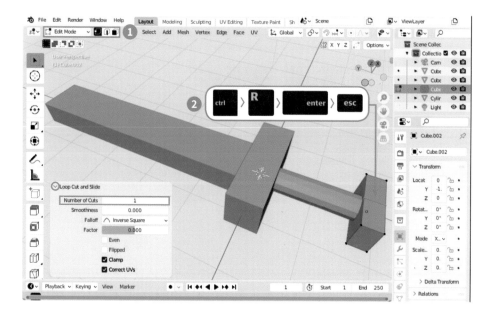

12. **B**도 같은 방식으로 Loop Cut 한다.

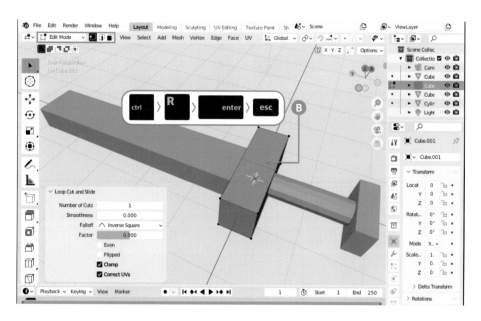

13. ⓒ도 같은 방식으로 Loop Cut 한다.

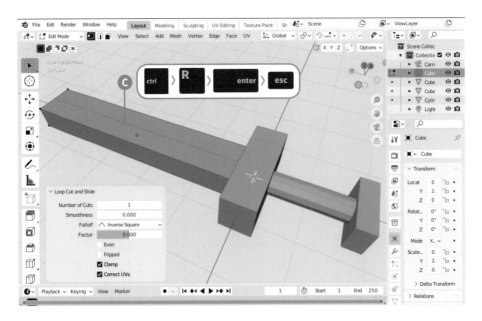

14. ❶ 4개의 점을 다중 선택한 후 ❷ Y 방향으로 이동한다.

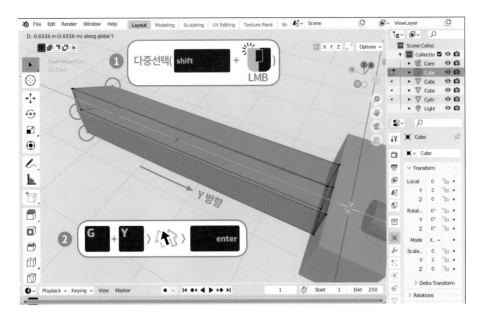

15. 이동 지점을 옵션 창에 입력한다.

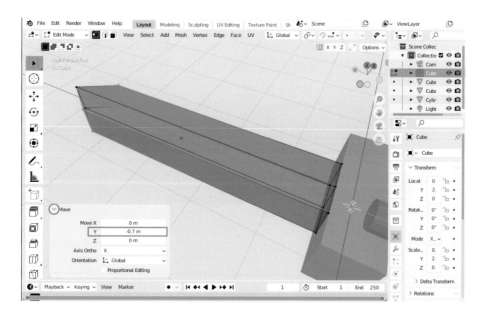

16. Loop Cut 하여 칼등을 만들 Edge Ⓐ를 추가한다.

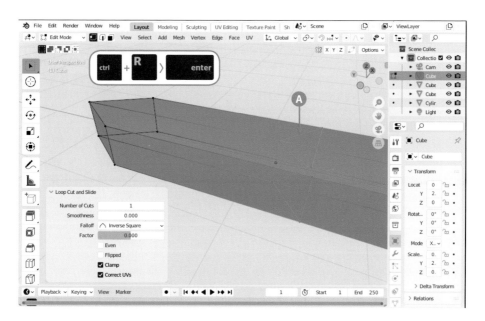

17. Ⓐ와 같이 Edge 단면을 일정하게 하기 위해 크기를 조절한다.

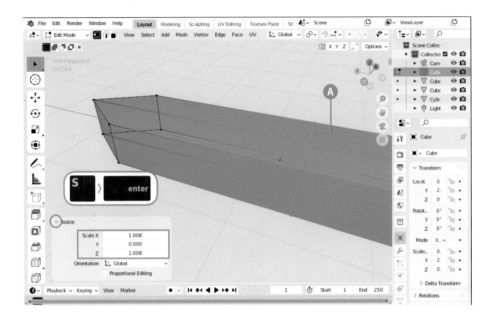

18. Ⓐ 단면이 Loop 선택된 상태에서 칼끝 방향으로 이동한다.

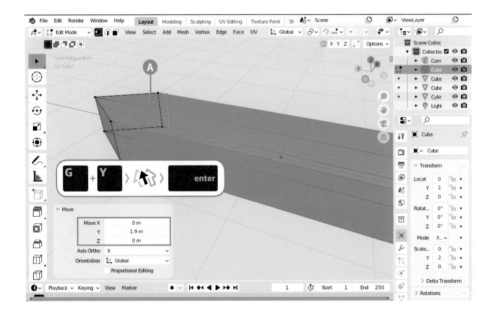

19. Ⓐ를 Loop 선택하고 Ⓑ를 다중 Loop 선택한 후, Z 방향으로 크기 조절하여 칼날의 모양을 갖추게 한다.

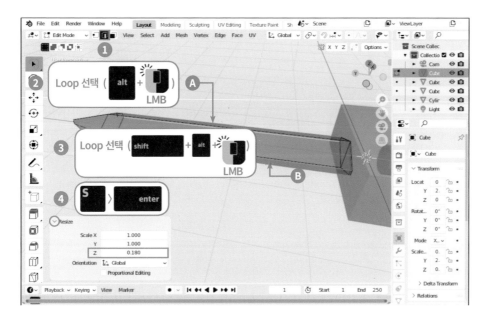

20. Ⓐ와 Ⓑ를 다중 선택한 후, Z축으로 아래 옵션 창과 같이 크기를 조절한다.

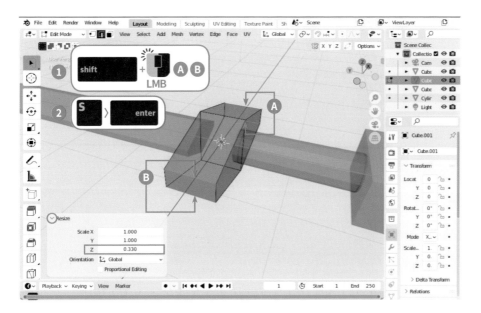

21. 가드 **C** 부분도 칼날 방향으로 이동하여 모양을 만든다.

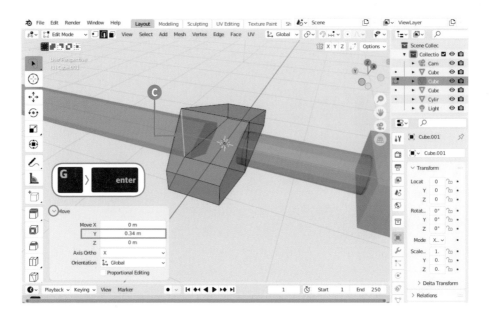

22. 자루 머리 부분도 **A**, **B**를 크기 조절하여 서로 좁게 한다.

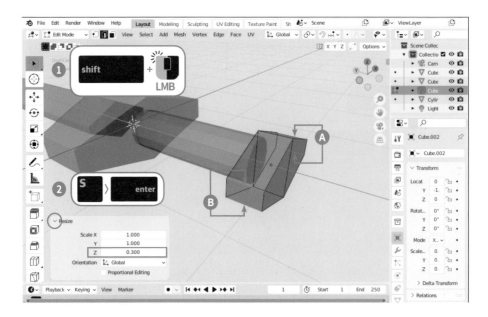

23. 자루를 부드러운 Shade로 만들어 준다.

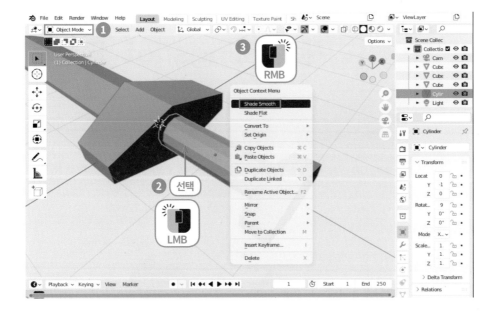

08 | 새총 Slingshot_F

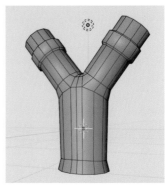

1. 기존 Cube는 삭제하고 새로 Cylinder를 생성한다.

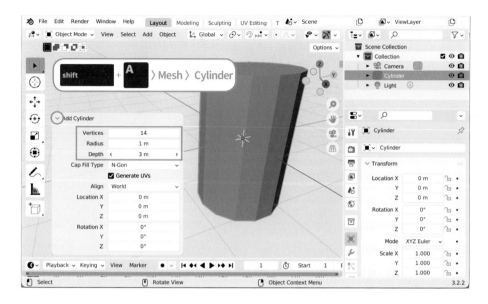

2. 원기둥의 윗면(❷)을 삭제한다.

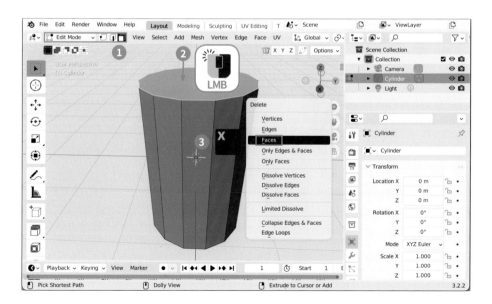

3. ① 마주 보는 두 Edge(Ⓐ, Ⓑ)를 다중 선택하고 ② Bridge Edge Loop를 실행한다.

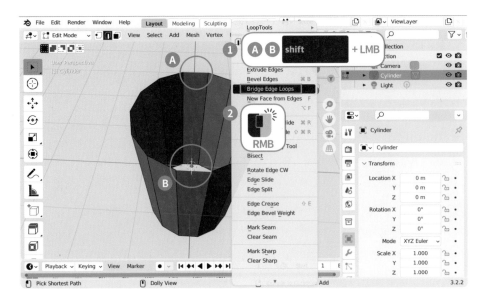

4. Number of Cuts를 5개로 추가한다.

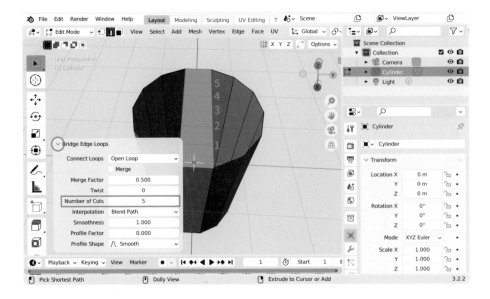

5. ① 점(Vertex) 두 개를 다중 선택 〉 ② X-Ray 후, Z 방향으로 이동한다.

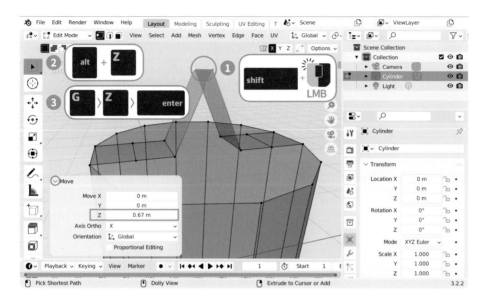

6. 다른 점(Vertex)들도 같은 방식으로 이동하되 ③ X 방향으로 좌우 대칭이 되게 한다.

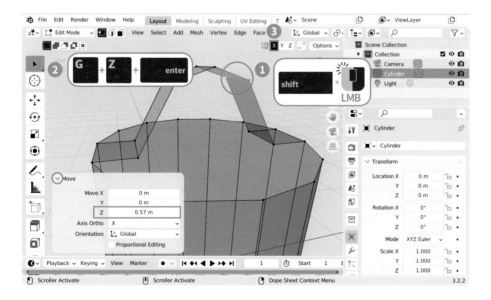

7. 나머지 점(Vertex)들도 같은 방식으로 다중 선택하고 이동한다.

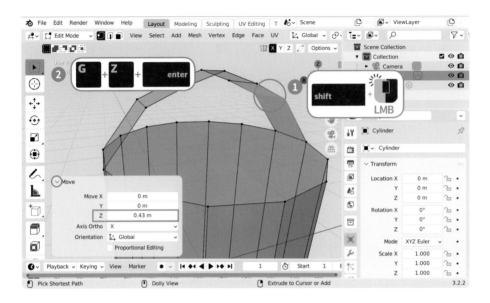

8. 원기둥의 점(Vertex)도 같은 방식으로 선택하고 이동한다.

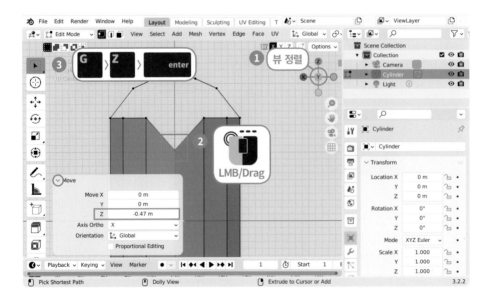

9. 나머지 점(Vertex)들도 같은 방식으로 선택하고 이동한다.

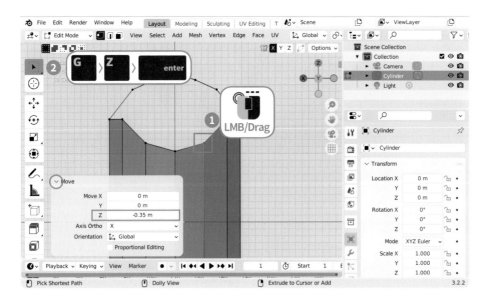

10. 나머지 점(Vertex)들도 같은 방식으로 선택하고 이동한다.

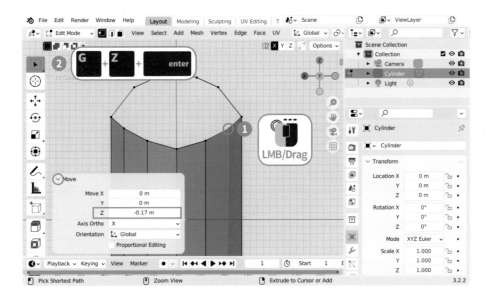

11. 이번에는 Y 방향으로 크기를 조절하되 윗부분이 제일 좁고 점점 넓어지도록 한다.

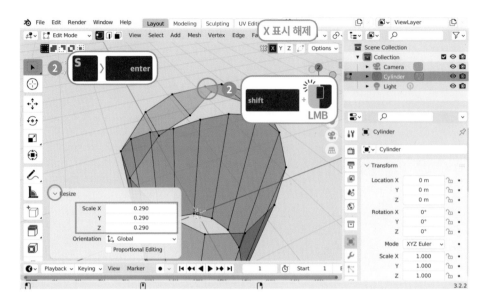

12. 나머지 점(Vertex)들도 같은 방식으로 다중 선택하고 크기 조절한다.

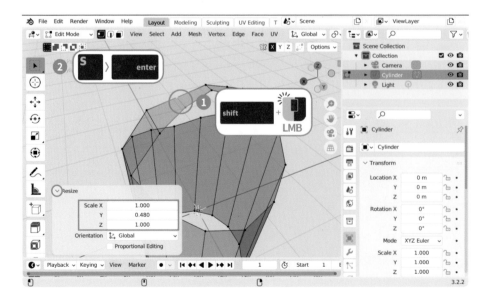

13. 나머지 점(Vertex)들도 같은 방식으로 다중 선택하고 크기 조절한다.

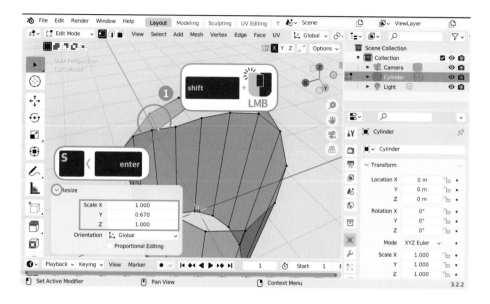

14. Cylinder를 추가한 후, 크기와 위칫 값을 옵션 창에 입력한다.

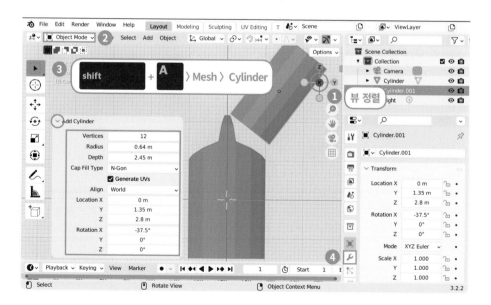

15. 반대쪽에도 생성이 되어야 하므로 Cyliner가 선택된 상태에서 Mirror Modifier ❶을 추가한 후 ❷ Mirror 한다.

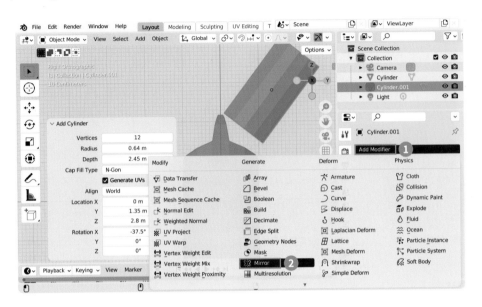

16. Mirror Modifier의 Axis 값과 Mirror Object를 아래와 같이 설정한다.

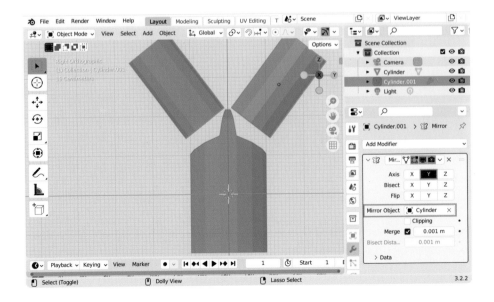

17. Ⓐ의 ❷ 크기를 조절하여 X축 단면이 아래와 같은 모양이 되도록 한다.

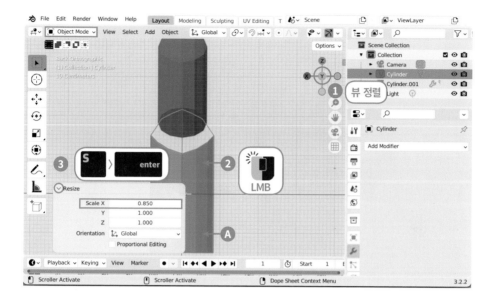

18. 기존에 설정한 Mirror Modifier를 적용(Apply)한다.

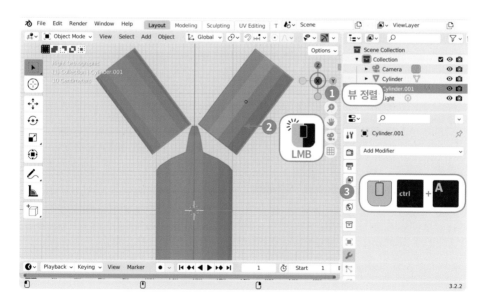

19. 모든 객체를 선택 **1** 한 후 하나가 되도록 **2** 결합(Join)한다.

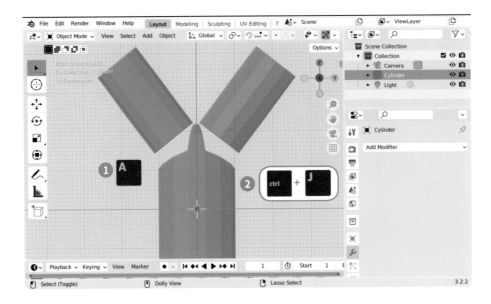

20. 서로 연결하기 위해서 필요 없는 면(Face)는 다중 선택하여 삭제한다.

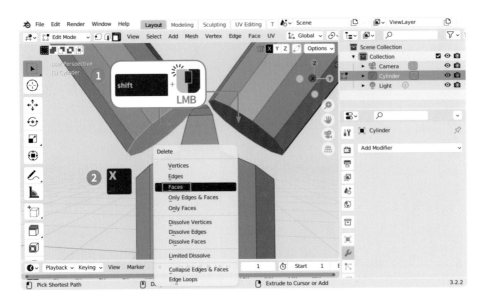

21. Ⓐ와 Ⓑ Edge를 다중 Loop 선택한 후, RMB 〉 Bridge Edge Loops로 연결하여 면을 만든다.

22. 옵션 창의 치수는 참고만 하기로 한다. 반대편 Ⓐ면도 같은 방식으로 진행한다.

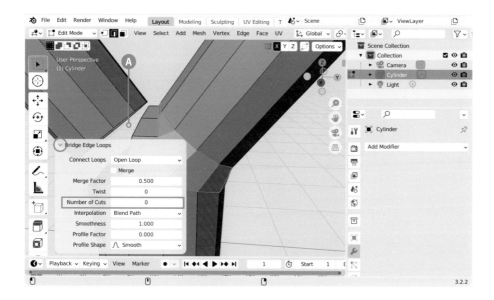

23. Ⓐ와 같이 Edge를 Loop Cut으로 생성한다.

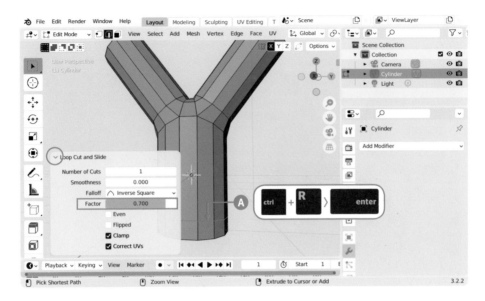

24. Edge의 크기를 조절하여 조금 안으로 작아지게 한다.

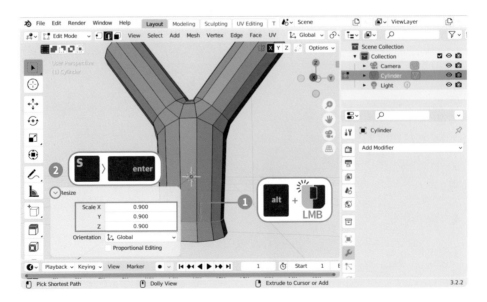

25. 새총의 고무줄과 연결되는 금속 고리를 만들기 위해 Ⓐ, Ⓑ Edge를 두 번에 걸쳐
Loop Cut으로 생성한다.

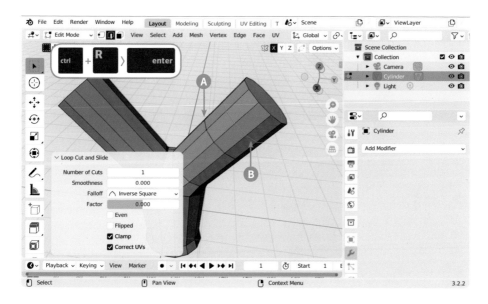

26. ❷ 면(Face)를 Loop 선택한 후, 돌출과 크기 조절한다.

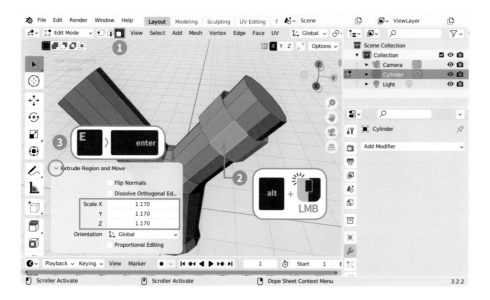

27. Edit Mode 〉 Edge Mode에서 **1** **Ⓐ** Edge를 Loop 선택한 후 **2** Edge Slide 하여 화살표 방향으로 이동한다. **Ⓑ**도 같은 방식으로 진행한다.

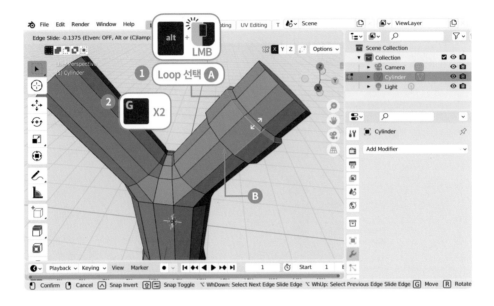

28. 반대쪽에도 같은 금속 고리를 생성할 것이다. 하지만 위 27을 반복하지 않고(귀찮으면) 다른 방식으로 모두 선택한 후 Symmetrize 한다.

29. 옵션 창의 Direction을 +Y에서 -Y로 대칭되도록 설정한다.

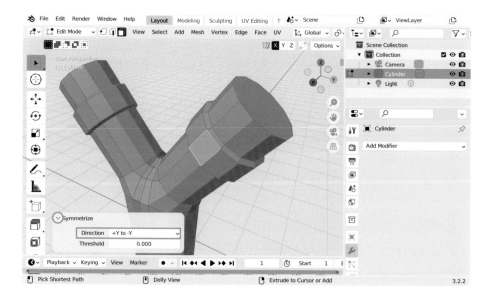

30. 마지막으로 Shade를 부드럽게 설정한다.

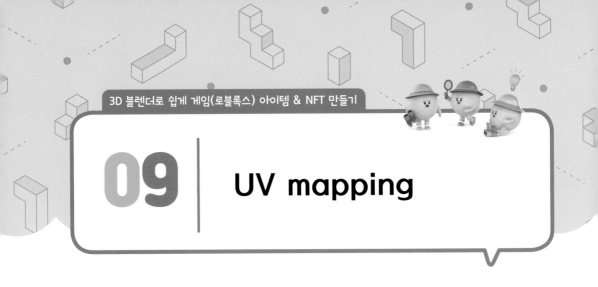

09 | UV mapping

1. 6장 로켓 Rocket.F(P.73) 로켓 아이템을 이용하여 로블록스 UGC 콘텐츠를 만들어 보기로 하자. 회전된 객체 ④를 필수적으로 ⑧ 적용(Apply)한다.

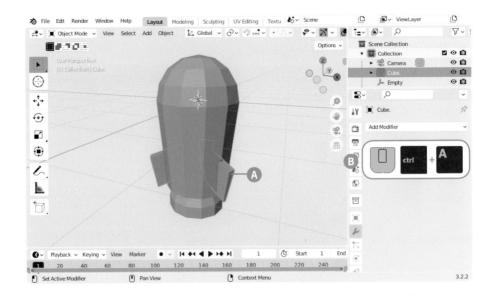

※ 참고로 Add Modifire 된 객체들은 모델링 완료시 반드시 Apply 해야 한다. 따라서 Apply 전후해서 원본을 저장해 두는 습관을 갖도록 하자.

2. 다음 모든 객체를 다중 선택하여 결합(Join)한다.

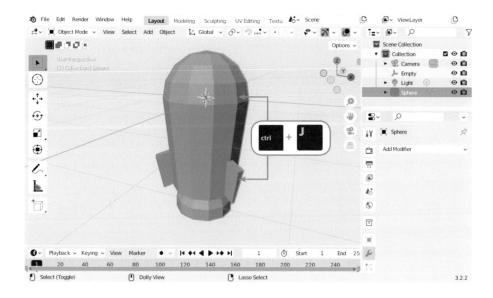

3. Shade는 부드럽게 처리하도록 하자.

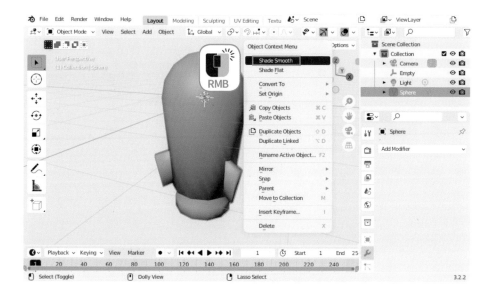

4. ① Texture 제작을 위해 UV를 이용하여 평면이 되게 펼쳐 줄 것이다. ②, ③ 우선 모두 선택하여 좌측 Ⓐ UV를 확인해 보자. 이런 상태에서는 채색을 해도 원하는 형태로 적용이 되지 않을 것이다.

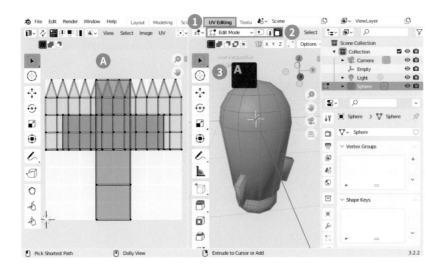

5. 원래는 Mark Seam을 하여 하나하나 펼치는 것이 맞지만, 초보 상태에는 어려울 수 있음으로 자동으로 UV를 펼쳐 보도록 한다.

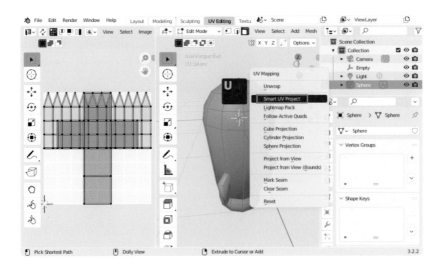

6. 설정값 그대로 놔두고 OK 한다.

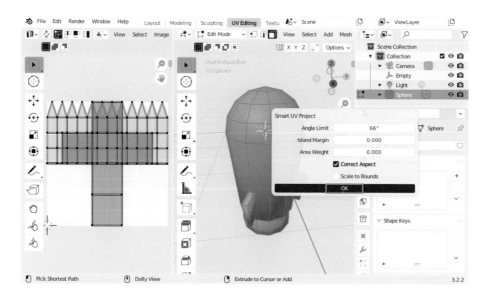

7. 좌측 아래와 같이 Margin을 설정하여 객체 간 간격을 확보하여야 채색이 원활해진다.

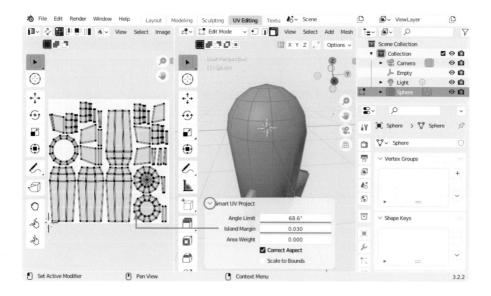

Texture Painting

1. 페인트 마스크를 이용하여 Mesh의 구조에 따라 페인팅을 하는 방법을 알아볼 것이다. 기본적으로 완성된 객체에는 Texture가 존재하지 않을 수 있다. 그래서 아래와 같이 보라색으로 표현이 된다.

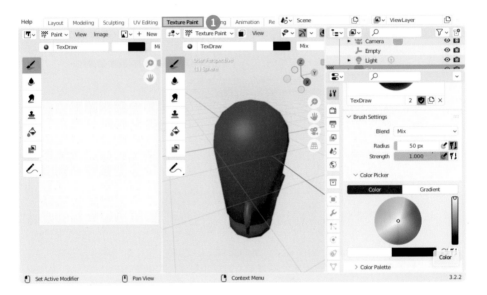

2. 아래와 같이 보인다면 New 버튼을 통해 새로운 Material를 생성할 수 있다. 그렇지 않고 다음 단계 3.에서의 이미지와 같다면 이미 Material이 생성되어 있음으로 2.는 생략해도 된다. [참고: 반드시 Material이 생성이 되고 나서 Texture를 만들어야 한다. Material과 Texture는 부모 자식 같은 관계이다.]

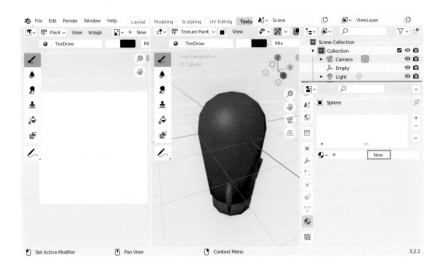

3. 우선 Base Color를 클릭하여 들어가 보자.

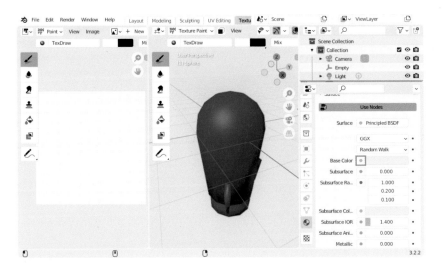

4. 다양한 메뉴 중에서 Image Texture를 선택하자.

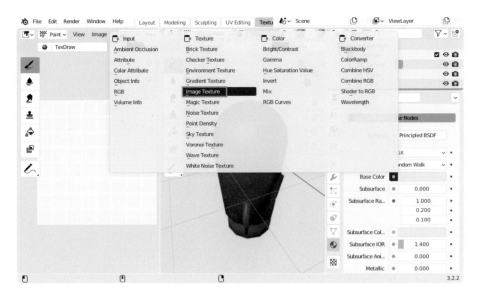

5. 새로운 Texture를 생성하기 위해 New를 클릭한다.

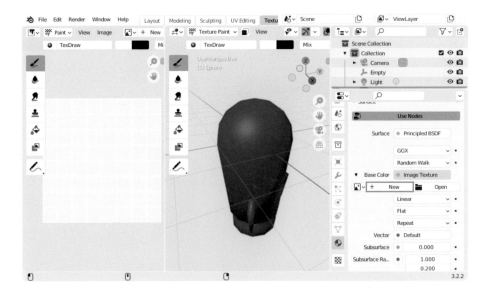

6. New Image 창에서 아래와 같이 설정값을 변경한다.

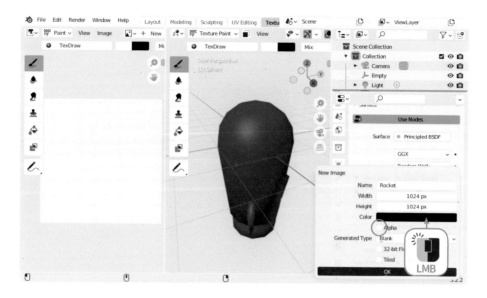

7. 초기 색상은 아래와 같이 회색으로 지정하도록 하자.

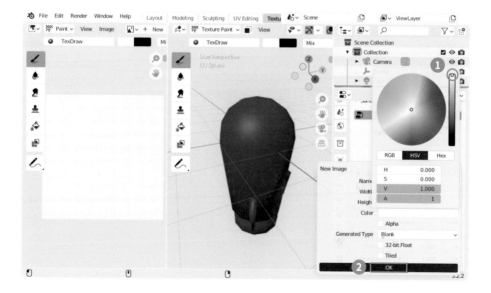

8. Option에서의 Bleed는 UV에서의 Margin과 비슷한데 Bleed를 높여 경계선에 마진을 주어 채색이 용이하도록 하는 것이 좋다.

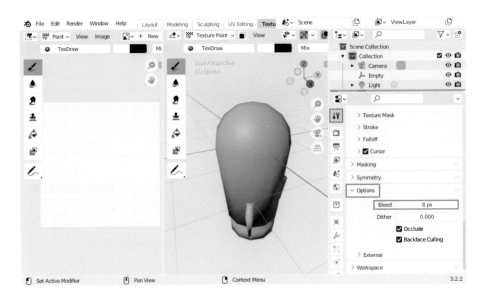

9. 색상을 변경하고자 하는 Mesh를 다중 선택한다.

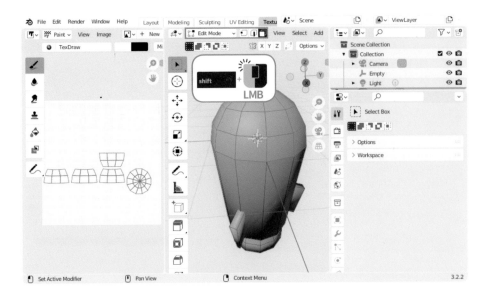

10. Paint Mask를 설정하고 Fill 〉 Color Picker 명령으로 색상을 지정하여 원하는 Mesh를
선택한다. 그럼 아래와 같이 이미지가 채워질 것이다.

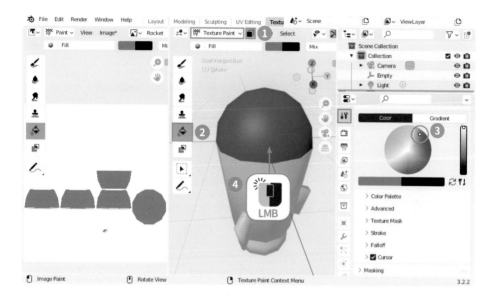

11. ① Color Palette 〉 New를 통해 자주 쓰는 색상은 저장해 둘 수 있다.

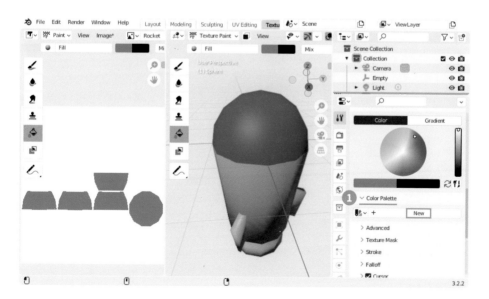

12. 다음 '+' 버튼을 사용하면 아래와 같이 저장된다.

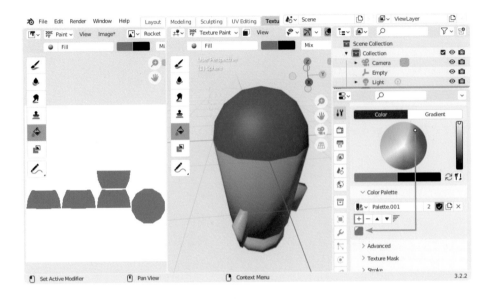

13. 날개 부분도 ② 다중 선택한다.

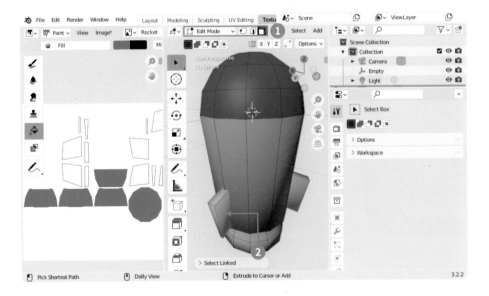

14. Paint Mask 〉Fill 하고 날개를 클릭하면 날개도 위와 같은 색으로 채워지게 된다.

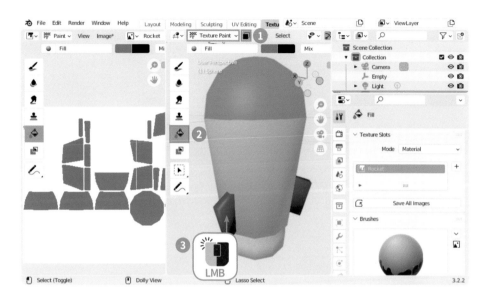

15. 연료 소켓 부분도 같은 방식으로 진행하기 위하여 ❷ 다중 선택한다.

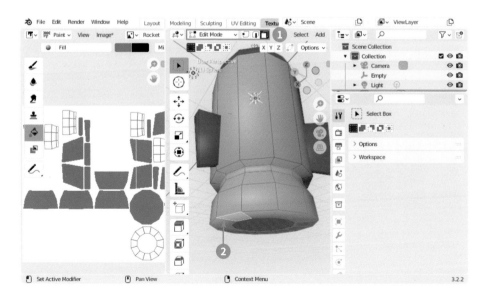

16. 색상을 변경하고 Palette에 저장한 후 소켓 부분을 클릭하여 변경한다.

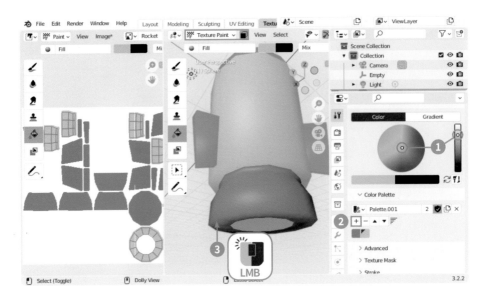

17. 연료 분사구 Ⓐ 부분도 같은 방식으로 진행하기 위해 선택한다.

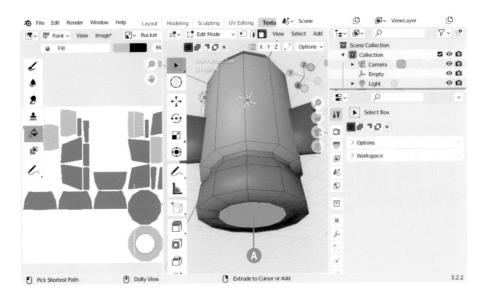

18. 색상을 변경하고 Palette에 저장한 후 분사구 부분 클릭하여 변경한다.

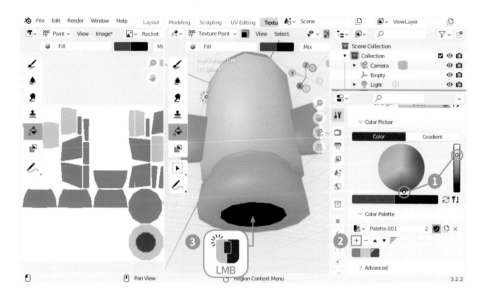

19. Texture Image를 반드시 저장하고 중간중간에 저장하는 것이 좋다.  Image 옆에
별 표시는 한 번도 저장하지 않았다는 의미이다. [참고: Image 우측 상단에 *이 있다면 저장
을 하지 않은 상태임]

사전 작업

1. Import 하여 Dummy를 불러온다. 참고로 Ⓐ는 UV와 Texture가 완료된 최종 모델이어야 한다. (Dummy는 http://www.kwangmoonkag.co.kr/booksource/Dummy.zip에서 다운로드할 수 있다.)

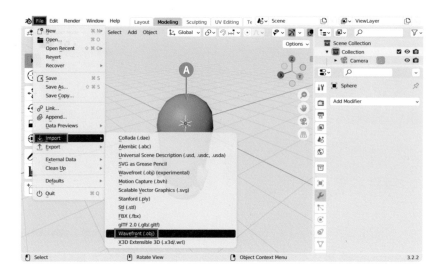

2. Dummy는 로블록스 스튜디오에서 내보내기 한 것으로, 블렌더에서 아이템의 크기와 위치를 설정하는 기준이 된다.

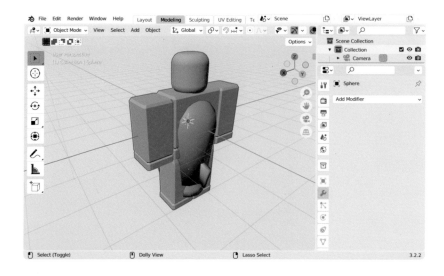

3. Rocket을 선택한 후 이동한다.

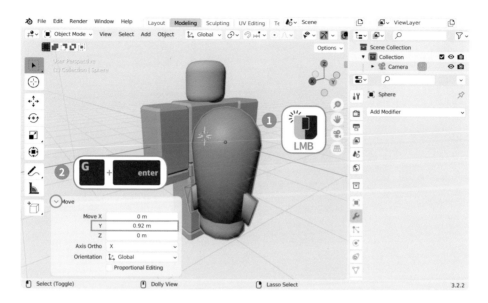

4. Rocket 크기를 Dummy에 맞춰서 크기를 조절한다.

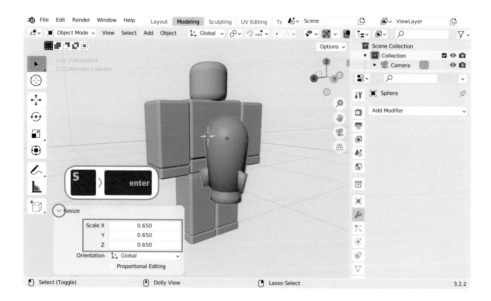

5. Rocket을 이동한다.

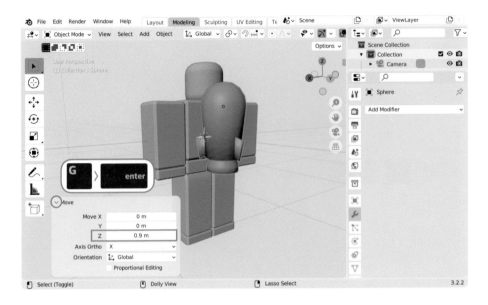

6. Rocket의 속성값(위칫값 포함)을 초기화한다. 초기화하지 않으면 로블록스 스튜디오에서 속성값에 대한 오류가 생길 수 있다.

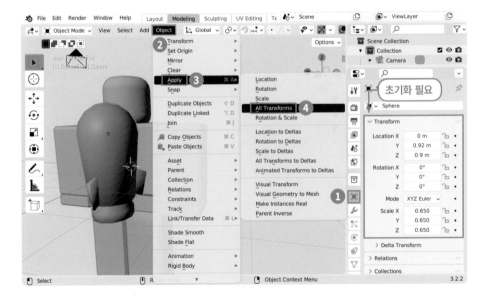

7. ① Rocket만 선택한 상태에서 ② 내보내기 한다. 이때 반드시 아래 이미지와 같이 .obj
확장자를 내보내야 도블록스 스튜디오에서 열 수 있다.

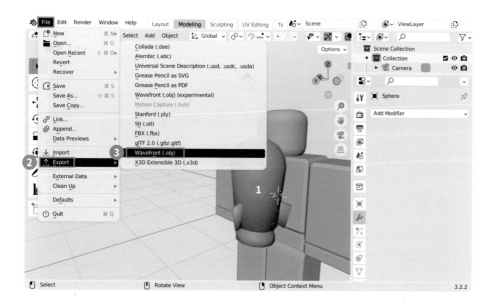

8. ① Select Only 하여 선택된 객체만 ② 내보내기 한다.

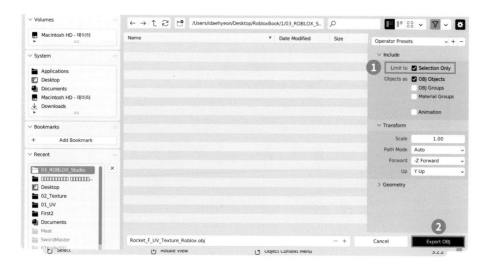

로블록스 UGC 아이템 만들기

1. 로블록스 스튜디오는 공식 사이트에서 다운로드하여 설치한다.

2. 이어서 기본 Template을 선택한다.

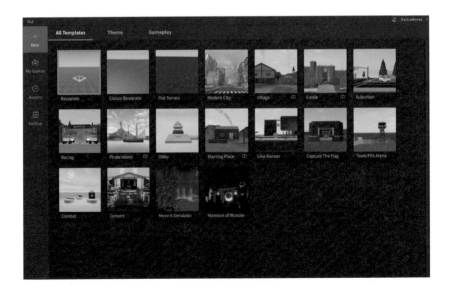

3. 아래는 가장 처음 보이는 UI(User Interface)이다.

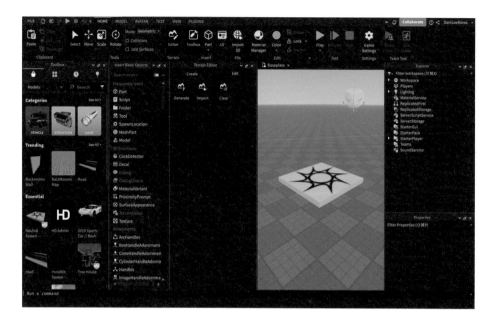

4. Terrain Editor는 본 과정에서는 필요 없기 때문에 'X'를 클릭하여 창을 비활성화하도록 하자.

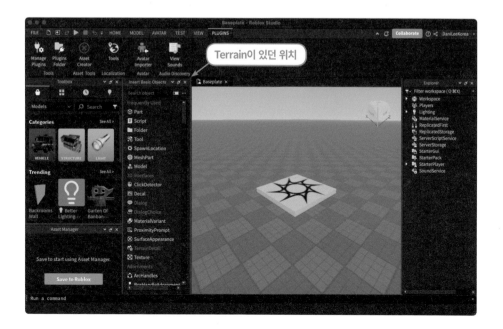

5. 우선 Rig Builder를 통해 My Avatar를 불러오자.

6. My Avatar가 성공적으로 불러오면 ❶ Explore 창에 ❷ Rig가 보이게 된다.

7. ❶ Asset Manager를 선택하여 창을 활성화한 후 ❷ Save to Roblox 하여 저장한다.

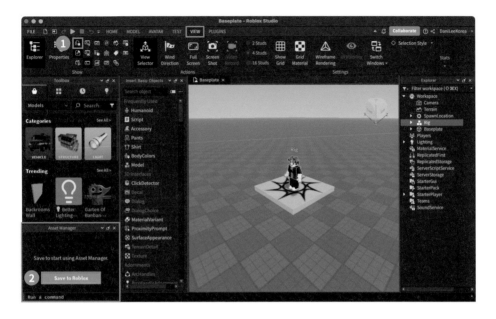

8. 이름과 설명을 입력하고 Save 한다.

9. 저장 공간을 선택(위 Our mapping 〉 7, 8에서 저장한 .obj 파일)하여 Open 한다.

10. Mesh Import Options에서 Apply All 하면 Bulk Import 창이 나오는데 객체와 UV Texture가 같이 정상적으로 불러오기 됐을 때 아래와 같이 보이게 된다. 만약 Texture가 누락되었다면 'Texture not fornd'라는 메시지가 출력된다. 그렇다면 Import 버튼을 눌러 불러오기 하자.

11. 불러온 Rocket을 이동/회전하여 아래와 같이 배치하자.

12. 다음 Asset Creator를 통해서 ② Accessory로 등록하도록 하자.

13. Step 2에서는 아이템(Rocket)을 선택하고 Next 한다.

14. Step 3에서는 Character를 선택하고 Next 한다.

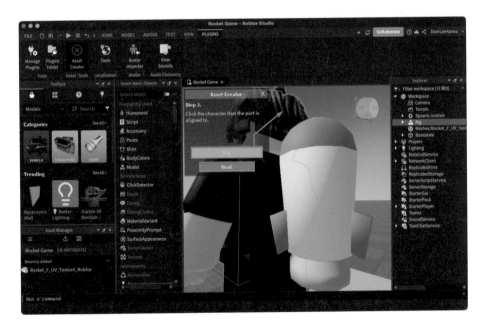

15. Step 4에서는 캐릭터의 어느 부분에 배치가 되는지 체크하는 부분이다.

16. Step 5에서는 기본적인 Classic 타입으로 설정하자.

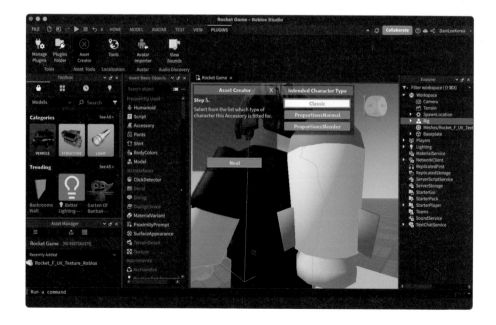

17. 모든 과정이 완료되면 Next로 빠져나오도록 하자.

18. 결국 아래와 같은 위치에 생성이 되게 되며

19. 기존 Rocket은 삭제하도록 하자.

20. ① Explorer에서 Rocket을 Rig 안으로 드래그하여 넣게 되면 아래와 같이 뒤에 착용한
Rocket이 보이게 된다.

PART 02
중급

01 | 양피지

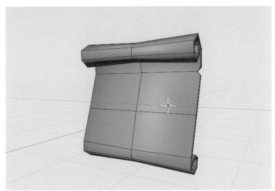

1. Edit Mode(tab) 〉 Vertex Mode('1') 〉 점 Ⓐ를 선택한 후, 점 Ⓑ를 다중 선택(shift + LMB)하고 나서 선택 반전(ctrl + I)하여 두 점을 제외한 나머지가 선택되게 한다. Ⓒ 'X' 〉 Vertices 하여 우측과 같이 두 개의 점을 제외한 나머지는 삭제한다. 그러면 우측 Ⓓ 이미지와 같이 Ⓐ와 Ⓑ 두 점만 남게 된다.

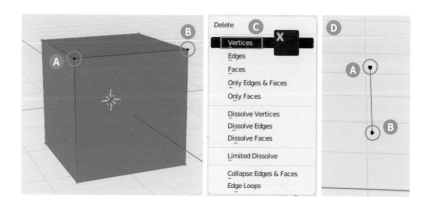

2. X축 Right 정렬(숫자 패드 '3')한 후, 두 개 중 한 개의 점(vertex; 위 1에서 ❶를 의미함)을 선택 〉 이동 ('G') 〉 LMB 〉 돌출 ('E') 〉 LMB를 적절하게 반복 사용하여 좌측 이미지 Ⓐ와 같이 단면 형상을 그린다.

❷ MMB + Drag하여 perspective Mode로 전환한 후, 점 전체를 다중 선택 〉 돌출('E') 〉 X축 방향('X') 〉 LMB 하여 X축 방향으로 Ⓑ와 같이 직선 돌출한다.

[참고] 만약 Ⓒ와 같이 과도하게 길거나 짧게 돌출이 되었다면 Ⓓ와 같이 점들이 선택된 상태에서 이동('G') 〉 X축 방향('X')키 〉 마우스를 움직여 길이를 조절하자.

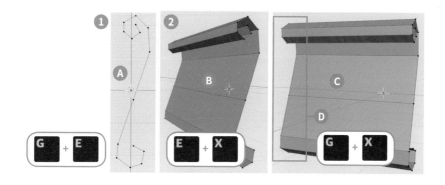

3. ①과 같이 중심 부분을 안으로 휘어지게 할 것이다. 그렇게 하기 위해 Edge Mode('2')
〉 ctrl +R 〉 enter 〉 esc 하여 중앙에 Edge를 Ⓐ와 같이 생성한다.

Vertex Mode('1') 〉 X-Ray Mode(alt + Z) 〉 크기 조절("S") 〉 마우스 이동 〉 enter 하여 ①
과 같이 만들고 ②도 같은 방식으로(② 선택 〉 "S"+ 마우스 이동 〉 enter) 진행한다.

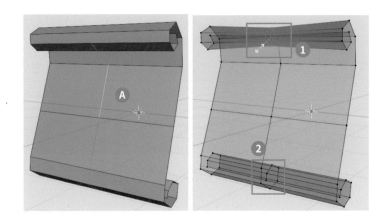

4. ① Modifier Properties 〉 Solidify 〉 Mode: Complex 〉 Thickness : 0.1, 나머지는 아래와 동
일하게 설정한다. 좌측 이미지처럼 두께가 생성된 것을 확인할 수 있을 것이다. [참고: 위 3에
서와 같은 방법으로 Edge를 추가하면 좀 더 부드러운 형태를 만들 수 있다.]

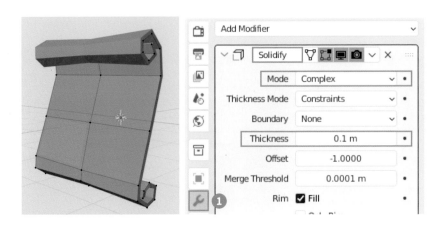

5. Object Mode(tab)에서 ① Apply 하여 Solidify 명령을 적용한다. 객체가 선택되어 있는 상태에서 〉 RMB 〉 Shade Smooth 하여 Mesh를 부드럽게 처리한다.

③ X-Ray Mode(alt + Z) 하여 X-Ray Mode를 해제한다.

6. 이번에는 오래된 양피지 느낌을 연출하기 위해 양피지 모서리의 갈라진 모양을 만들어 볼 것이다. Edit Mode(tab) 〉 Edge Mode('2') 〉 갈라질 부분의 Edge Ⓐ 선택 〉 Bevel(ctrl + B) 〉 마우스 이동 〉 Ⓑ와 같이 마우스를 이동하여 enter 〉 Bevel 옵션의 Segments 값 2로 한다.

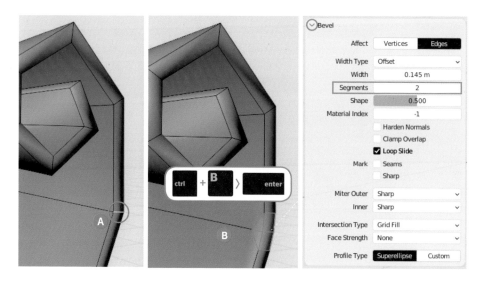

7. 이번에는 두 번째 선택한 점이 첫 번째 선택한 점으로 병합되도록 하여 갈라진 틈을 표현할 것이다. **①** Vertex 선택 〉 shift + **②** Vertex 선택 〉 RMB 〉 Merge Vertices 〉 At First 하여 병합한다. 뒷부분도 같은 방법으로 병합하도록 하자.

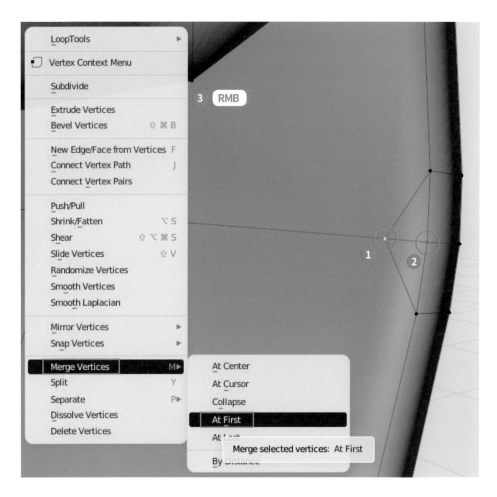

8. 이번에는 마지막 단계로 3차원 Object를 채색하기 위해 평면으로 펼쳐 주는 작업을 할 것이다. 상단 메뉴바에서 ❶ UV Editing을 선택하면 화면이 반으로 분할될 것이다. 우측 화면에서 ❷ 모두 선택 ('A') 〉 UV Mapping('U') 〉 Smart UV Prject 〉 Angle Limit : 80, Island Margin : 0.06으로 아래와 같이 세팅하고 OK 하면 좌측 화면에 펼쳐진 UV map이 보이게 된다.

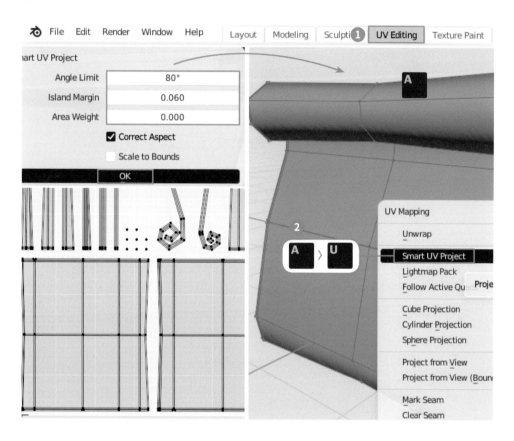

9. UV 이미지 저장 후 포토샵 등 이미지 편집 툴을 이용하여 채색 후 오브젝트에 적용하면 색상이나 재질을 가지고 있는 객체가 될 수 있다. 이번에는 UV map을 png 확장자로 저장해 볼 것이다. 좌측 화면 상단 메뉴바의 UV 〉 Export UV Layout을 통해서 이미지를 저장하자. 이때 이미지 사이즈를 1024, 2048, 4096 등으로 변경하여 저장할 수 있다. 참고로 모바일 용 Texture라면 512를 추천한다.

02 | 클래시 오브 클랜 금화

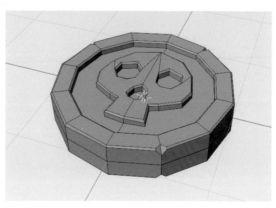

1. 기존의 Cube는 삭제('X')하고 Add(shift + A) 〉 Mesh 〉 Cylinder를 통해 Cylinder 객체를 생성한 다음, 전체 화면 좌측 하단의 Add Cylinder 창의 Vertices(정점) 값과 Depth(깊이) 값을 각각 12와 0.4로 조절한다.

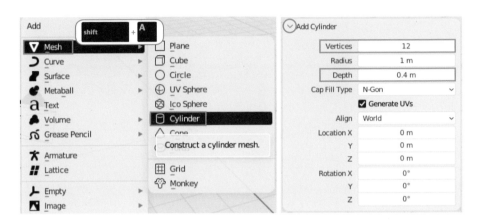

2. Edit Mode(tab) 〉 Face Mode('3') 〉 숫자 패드 '7'을 사용하면 아래와 같이 Top view를 볼 수 있다.

정면에 보이는 Ⓐ face를 선택 〉 Inset("I") 〉 마우스를 움직여서 안쪽으로 면을 아래와 같이 적당하게 생성한 후 enter 한다.

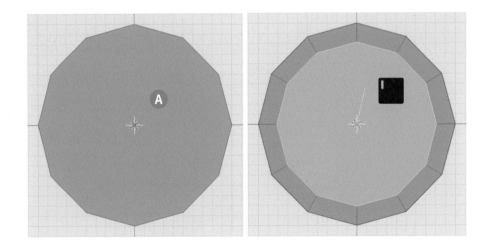

3. 이번에는 좌우 대칭 기능을 사용하기 위해서 Mesh: Auto Mirror라는 Add-On을 다운로드하여 사용할 것이다. Add_On을 설치하기 위해 ❶ Edit 〉 Preferences 하여 검색에서 ❷ mirror를 검색하여 Mesh: Auto Mirror를 체크한다.

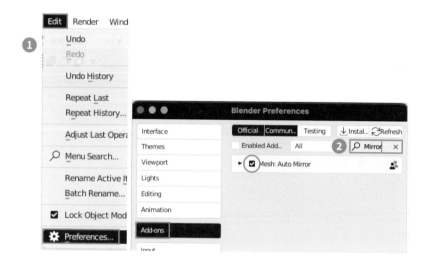

4. Mesh: Auto Mirror Add_On 설치가 정상적으로 이루어졌다면 뷰포트(Viewport) 화면에서 단축키 'N' 키를 쳤을 때 아래와 같이 변형 메뉴가 보일 것이다.

Edit 〉 Auto Mirror를 선택하고 아래와 같이 세팅되어 있는지 확인하고 AutoMirror을 클릭하자.

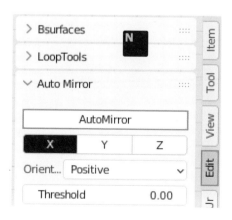

5. 단축키 나이프('K')를 사용하여 아래와 같이 절반에 해당하는 부분만 해골 모양을 클릭 방식으로 Ⓐ에서부터 그려 주고 Ⓑ까지 완료되면 enter 한다. 눈 부분과 코(Ⓒ)도 같은 방식으로 그려서 enter 한다.

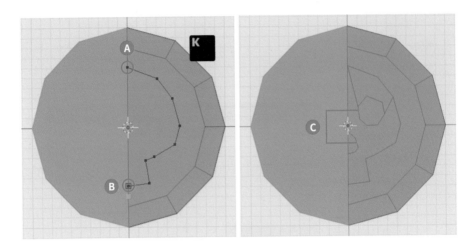

6. 마우스 휠을 드래그하여 아래와 같이 Perspective View로 변경한 후 음각되어야 하는 부분만 다중 선택(shift + LMB) 〉 돌출('E') 〉 음각이 되도록 아래로 조금만 이동 〉 Z 방향으로 이동 후 적당한 지점에서 LMB 한다.

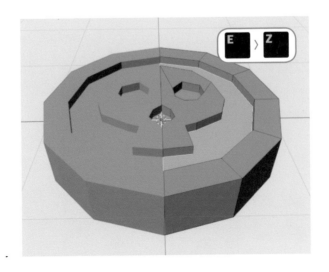

7. 모서리 부분 모깎기를 위해서 키보드 숫자 Edge Mode('2')를 눌러 Edge Mode로 전환한 후, 해당 모서리를 Ⓐ alt + LMB 하여 Loop 선택(추가적 다중 선택(Ⓑ)은 shift + alt + LMB) 〉 ctrl + B(Bevel) 〉 마우스 이동 〉 LMB 하여 적당하게 모깎기 한다. [참고: 선택 시 연결이 끊어져서 끝까지 이어지지 않을 때 추가적 다중 선택 shift + alt + LMB를 한 후 연결하여 선택하도록 하자.]

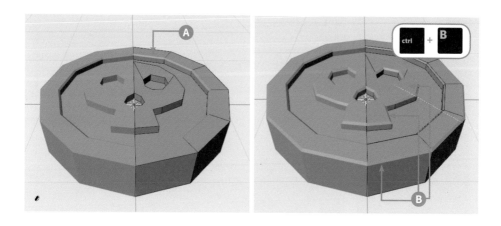

8. Object Mode(tab)로 전환한 후, Cylinder 객체가 선택된 상태에서 Ⓐ Modifier Properties 〉 Add Modifier를 Ⓑ Apply(ctrl + A 해도 같은 결과를 보여 준다.) 하여 적용한다.

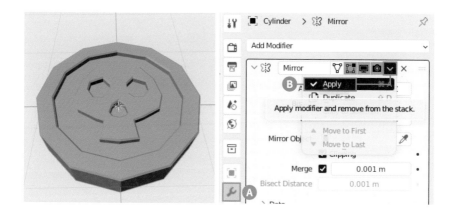

9. Edit Mode(tab) 〉 Edge Mode('2')를 선택한 후 Edge 모서리 부분 마모를 표현하기 위해 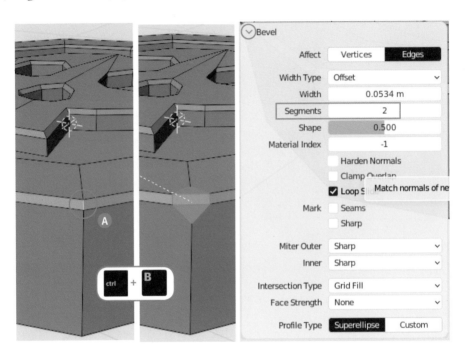 모서리 부분을 선택 〉 ctrl + B 〉 마우스 이동 〉 enter 〉 좌측 하단 Bevel 창을 활성화한 후 Segments를 2로 수정하고 enter 한다.

10. 이번에는 두 번째 선택한 점이 첫 번째 선택한 점으로 병합되도록 하여 갈라진 틈을 표현할 것이다. Vertex Mode('1') 〉 ❶ Vertex 선택 〉 ❷ Vertex 다중 선택(shift + LMB) 〉 RMB 〉 Merge Vertices 〉 At First 하여 병합한다. 아랫부분 Ⓐ도 같은 방법으로 병합하도록 하자. [참고: RMB 대신 단축키 'M'을 사용하면 좀 더 손쉽게 Merge 할 수 있다.]

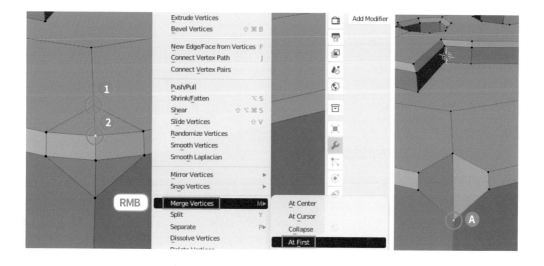

11. 이번에는 3차원 Object를 채색하기 위해 평면으로 펼쳐 주는 작업을 할 것이다. 상단 메뉴바에서 UV Editing을 선택하면 화면이 반으로 분할된다. 우측 화면에서 'A' 모두 선택 > 'U' > Smart UV Prject > Angle Limit: 80, Island Margin: 0.06으로 아래와 같이 세팅하고 OK 하면 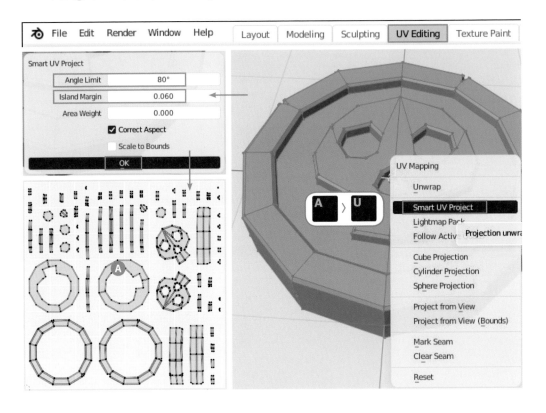와 같이 펼쳐진 UV map이 보이게 된다.

[참고: 좌측 하단의 Smart UV Project 창에서도 UV 편집이 가능하다.]

03 | 토르의 망치

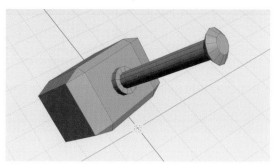

1. Hammer를 만들기 위해 기존 Cube를 선택한 후, 우측 **①** Object Properties에서 Scale Y 값을 1.620으로 설정하여 **A**와 같은 직사각 블록 형태를 만든다.

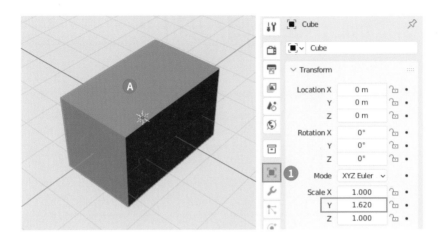

2. 이번에는 망치 자루를 만들기 위해 Add(shift + A) 〉 Mesh 〉 Cylinder 하여 Cylinder를 생성한다.

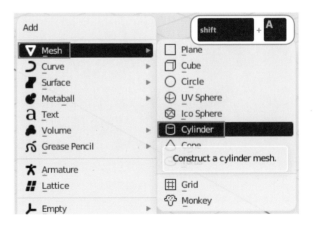

3. 좌측 하단의 Add Cylinder를 활성화하여 Vertices: 12, Radius: 0.24, Depth: 5.8, Location Z: 1.7로 하여 우측과 같은 자루를 만들자.

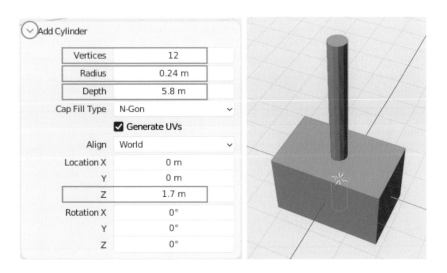

4. 이번에는 Hammer의 특징인 모서리 부분을 깎을 것이다.

Hammer 객체를 선택한 후 Edit Mode(tab) 〉 Edge Mode('2') 〉 Select All('A') 〉 Bevel(ctrl + B) 〉 적당한 위치에서 LMB 〉 Bevel 옵션 창 〉 Width : 0.2m 〉 enter 하여 모깎기를 한다.

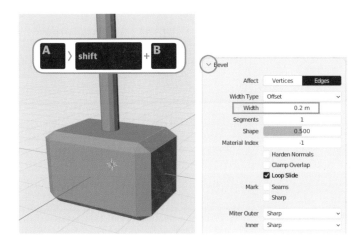

5. ① Loop 선택(alt + LMB) 〉 ② 다중 선택(shift + alt + LMB) 〉 크기 조절('S') 〉 방향('Y') 하여 안쪽으로 Edge를 이동한다.

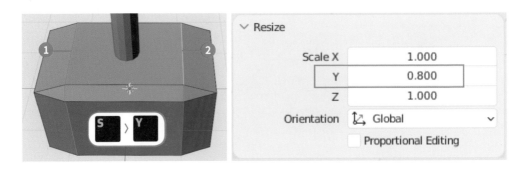

6. Object Mode(tab) 〉 자루 선택 〉 Edit Mode(tab) 〉 Edge Mode('2') 〉 Right View(숫자패드 3) 〉 X-Ray Mode(alt + Z) 〉 Loop Cut(ctrl + R) 〉 enter 〉 ① 위치로 이동 후 LMB, 좌측하단 ④ Loop Cut and Slide 창에서 Factor 값을 0.92로 수정한다.

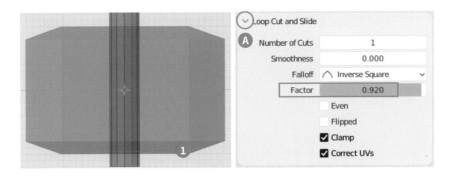

7. Face Mode('3') 〉 ❶과 같이 드래그하여 선택 〉 'E'(돌출) 〉 'S'(크기 조절) 〉 마우스를 움직여 적당한 지점에 LMB 하면 Extrude Region and Move 창이 좌측에 보일 것이다. 아래와 같이 활성화하여 Scale X값(2)과 Y값(2)을 변경한다.

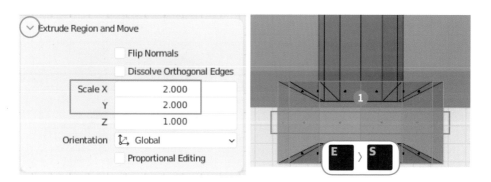

8. Edge Mode('2') 〉 Loop Cut(ctrl + R) 〉 LMB 〉 마우스 이동 〉 LMB 하여 아래와 같이 한 개의 Edge Ⓐ를 추가한다. 같은 방식으로 하나 더 Ⓑ도 추가한다.

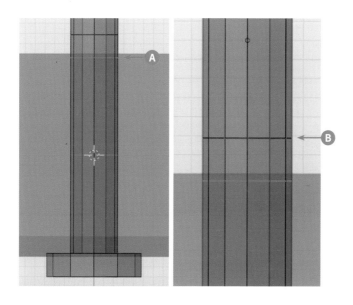

9. Face Mode('3') 〉 **1**과 같이 드래그하여 선택 〉 'E'(돌출) 〉 'S'(크기 조절) 〉 마우스를 움직여 적당한 지점에 LMB 하면 Extrude Region and Move 창이 좌측에 보일 것이다. 아래와 같이 활성화하여 Scale X값(1.7)과 Y값(1.7)를 변경한다.

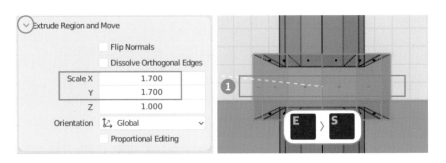

10. 아래 좌측 이미지는 지금까지 완성된 이미지이다. Edge Mode('2') 〉 Loop Cut(ctrl + R) 〉 enter 〉 마우스 이동 〉 LMB 하여 아래와 같이 한 개 (Ⓐ)의 Edge를 추가한다. 같은 방식으로 하나 더(Ⓑ) 추가한다.

X-Ray Mode(Alt + Z) 토글로 X-Ray Mode를 해제한다.

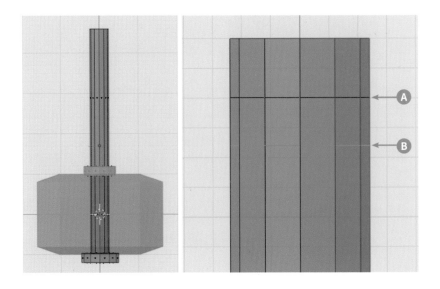

11. Ⓐ Loop 선택(alt + LMB) 〉 크기 조절('S') 〉 마우스 이동 〉 LMB 한 후 Resize 창 활성화 〉 Scale 값을 모두 1.8로 하여 1.8배 확대한다.

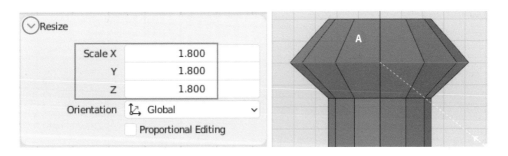

12. Object Mode(tab) 〉 자루 선택 〉 RMB 〉 Shade Smooth 〉 Object Data Properties 〉 Normals 〉 Auto Smooth 체크하여 30.1도 이하는 모두 부드럽게 설정한다.

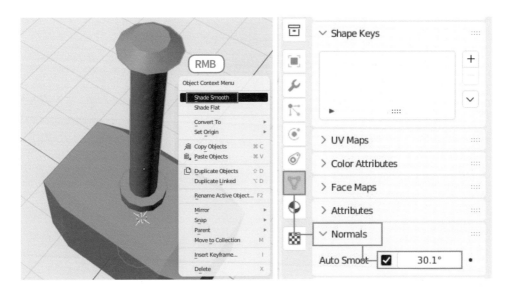

13. Hammer와 자루를 shift + LMB 하여 다중 클릭한 후, Join(ctrl + J)하면 우측 상단 레이아웃에서 Cube, Cylinder 두 개의 객체였던 것이 우측 하단 레이아웃에서와 같이 Cylinder 한 개의 객체로 합쳐진 것을 볼 수 있다.

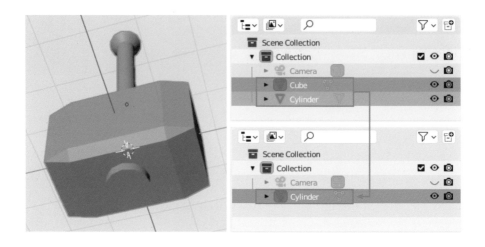

14. UV Editing Mode 〉 Edit Mode(tab) 〉 Face Mode('3') 〉 모두 선택('A')을 한다. 그러면 좌측 이미지에서처럼 UV 정보가 확인될 것이다.

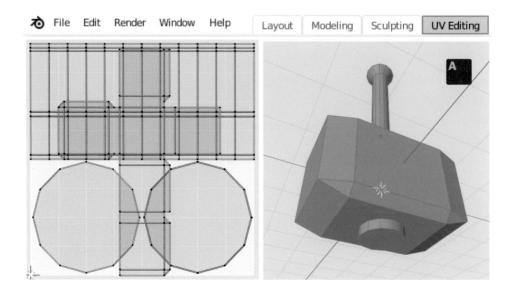

15. 이번에는 3차원 Object를 채색하기 위해 평면으로 펼쳐 주는 작업을 할 것이다. 위에서 모두 선택되어 있는 상태 〉 UV Mapping('U') 〉 Smart UV Prject 〉 Angle Limit: 45.3, Island Margin: 0.02로 아래와 같이 세팅하고 OK 하면 좌측 화면에 펼쳐진 UV map이 보이게 된다.

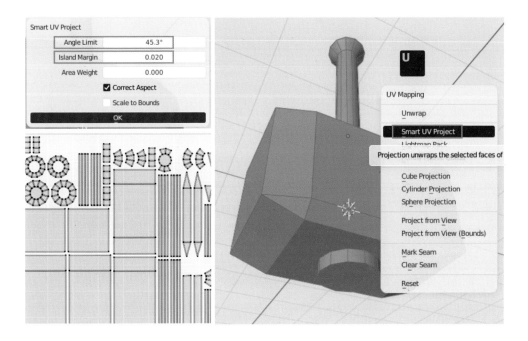

[참고: 좌측 하단의 Smart UV Project 창에서도 UV 편집이 가능하다.]

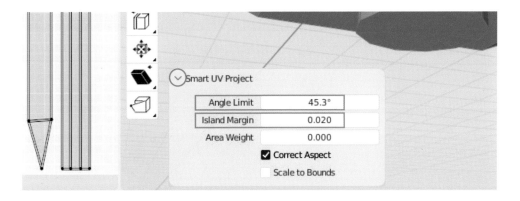

04 | 젠틀의 마법 책

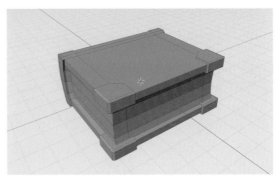

1. 기존 Cube를 선택한 후 ❶ 우측 Object Properties에서 Scale XYZ 값을 설정하여 Ⓐ와 같은 직사각 블록 형태를 만든다.

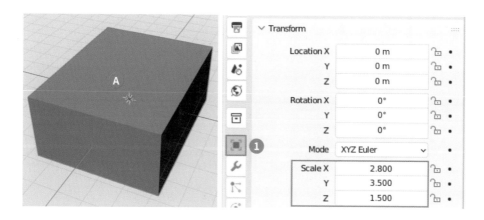

2. 다음 Edit Mode(tab)로 전환하고 Loop Cut(ctrl + R) 〉 마우스 휠을 굴림(Edge는 3개 정도만 하자.) 〉 enter 〉 esc 한다.

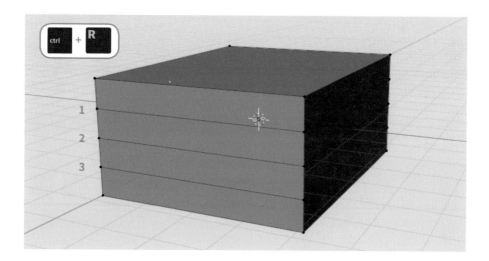

3. Edge Mode('2') 〉 ❶ Edge 선택 〉 'G' 〉 'X' 하여 마우스를 이동한 후 LMB, 나머지 두 개 ❷도 같이 선택(shift + LMB) 〉 'G' 〉 'X' 하여 아래 좌측과 같이 이동 〉 LMB 하여 볼륨을 만든다.

다음 ctrl + R 〉 enter 〉 마우스를 좌측으로 이동하여 아래 우측 이미지 Ⓑ와 같은 상태에서 LMB 한다.

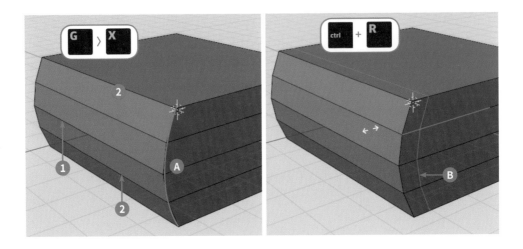

4. Face Mode('3') 〉 ❶ 윗면 선택 〉 돌출('E') 〉 Z 방향('Z')으로 아래 이미지와 같이 조금만(0.12m) 돌출 〉 enter 〉 esc 하여 좌측 하단 Extrude Region and Move에서 Z값을 아래와 같이 수정한다. ❷ 반대편도 같은 방법(Move Z: -0.2)으로 진행한다.

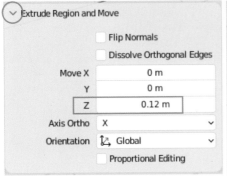

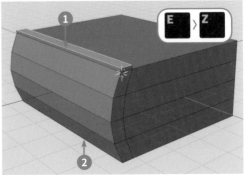

5. Edge Mode('2') 〉 ❶을 다중 선택(shift + LMB) 〉 이동('G') 〉 X 방향('X') 〉 마우스 이동 〉 LMB으로 이동하여 곡면이 원만하게 되도록 조절한다. ❷ 부분 다중 선택(shift + LMB) 〉 이동('G') 〉 ('X') 〉 마우스 이동 〉 LMB으로 아래 우측 이미지와 같이 조금만 이동한다.

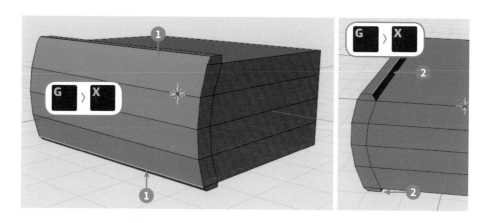

6. 책 표지 안쪽을 만들기 위해서 Loop Cut(ctrl + R) 〉 ❶ 지점 enter 〉 esc 하여 Edge를 생성하고 ❷ 지점도 같은 방식으로 Edge를 생성한다.

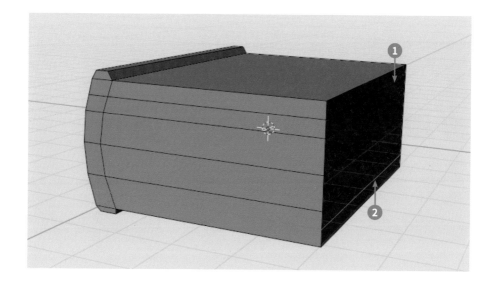

7. Face Mode('3') 〉 아래 좌측 이미지 Ⓐ와 같이 ❶ Face를 뒷면까지 다중 선택(shift + LMB)한 후, 돌출('E') 〉 크기 조절('S')하여 안으로 마우스를 이동한 다음 LMB 한다. 다음 Ⓑ와 같이 안쪽으로 곡선을 그리게 할 것이다. Edge Mode('2') 〉 ❷ 선택 〉 'G' 〉 'X' 〉 마우스 이동 〉 LMB 한 후 ❸번 Edge도 ❷와 같은 방법으로 다중 선택(shift + LMB) 〉 'G' 〉 'X' 〉 마우스 이동 〉 LMB 한다.

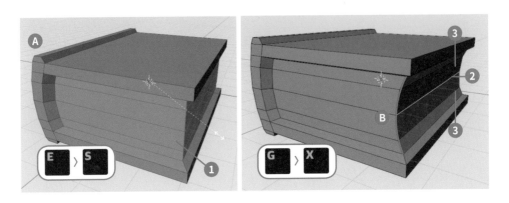

8. 모서리 부분 장식을 만들기 위해서 Loop Cut(ctrl R) 〉 마우스 휠을 굴려 아래 중간 이미지와 같이 두 개가 생성되면 enter 〉 esc 하고 이어서 바로 크기 조절('S') 〉 Y 방향('Y') 하여 ❶과 같이 간격이 되도록 한 후 LMB 한다.

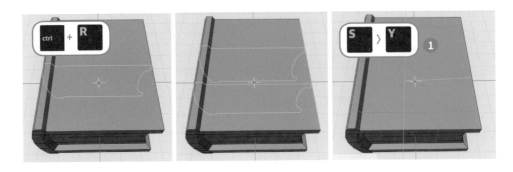

9. ① Face를 다중 선택(shift + LMB)한 후, 돌출('E') 〉 마우스 이동 〉 LMB 한 다음 좌측 Extrude Region and Move 옵션창을 활성화하여 Move Z값을 0.1로 바꾸고 enter 한다.

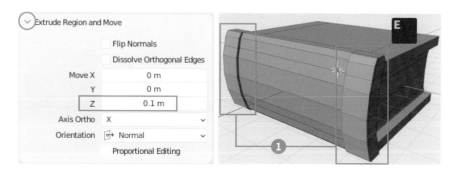

10. Add(shift + A) 〉 Cube를 생성 〉 Add Cube 창에서 Size와 Location 값을 아래와 같이 조절한다.

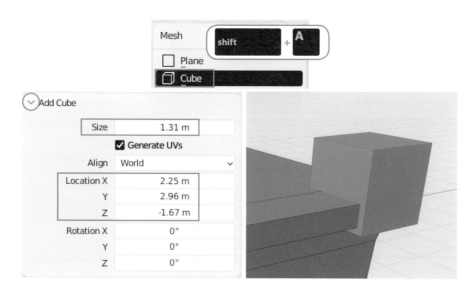

11. Edit(tab) 〉 Face Mode("3")에서 아래와 같이 Ⓐ 상단 Face를 선택한 후 이동('G') 〉 'Z 방향(Z)' 하여 마우스 이동 후 LMB 〉 Move 창에서 Move Z값을 0.7로 수정한다.

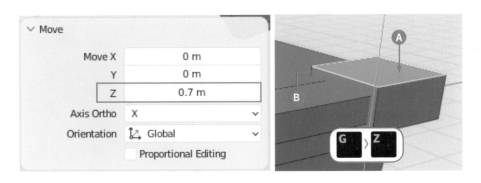

12. Edge Mode('2') 〉 위 과정의 Ⓑ 지점 모서리 LMB 〉 Bevel(ctrl + B) 〉 Bevel 창에서 Width 값을 0.15로 수정한다.

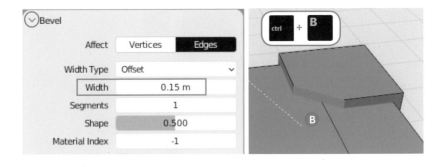

13. Face Mode('3') 〉 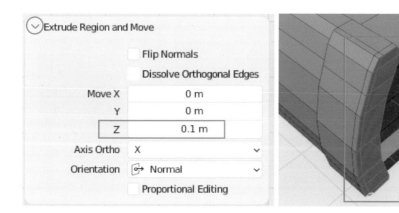 다중 선택(shift + LMB) 〉 돌출('E') 〉 Extrude Regine and Mave 창에서 Move Z값을 0.1로 수정하고 enter 한다. 반대쪽 부분도 같은 방식으로 진행한다.

14. Edte Mode('2') 〉 모깎기 할 부분의 모서리(Ⓐ) 다중 선택(shift + LMB) 〉 Bevel(ctrl + B) 〉 마우스 이동 〉 LMB 〉 Bevel 창에서 Width 값을 0.03으로 조절하고 enter 한다.

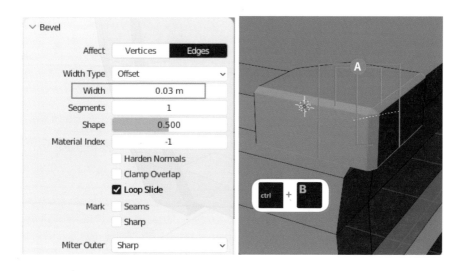

15. 마법 책 Ⓐ 객체에 마우스를 올려놓고 'L' 하면 부분적으로 선택이 가능해진다. 이 상태에서 'P' 〉 Selection 하면 선택한 부분의 객체는 Ⓑ와 같이 분리되게 된다.

[참고: 객체를 분리해야 하는 이유는 Edit Mode에서 Modifier Properties의 Mirror가 정상적 작동을 않기 때문이다.]

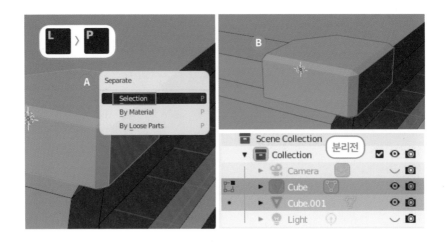

16. Object Mode(tab) 〉 ❶ Ⓐ 객체 선택 〉 Modifier Properties 〉 Mirror 〉 Axis: Y, Z, Mirror Object는 비어 있는 상태로 두거나 문제(정상적 상하좌우 대칭이 되지 않는 문제)가 있으면 Cube로 전환한다. 아래 이미지처럼 성공적으로 완료되면 Ⓑ 위치에 마우스를 이동하고 alt + A(Apply) 하여 Modifier를 종료한다. Mirror Modifier가 사라질 것이다.

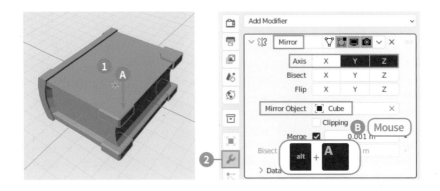

17. 이번에는 UV map을 위한 사전 작업으로써 객체 전체를 합칠 것이다. 우선 'A' 모두 선택 〉 ctrl + J(Join)을 하면 Outliner에서 하나의 객체로 합쳐진 것을 확인할 수 있다.

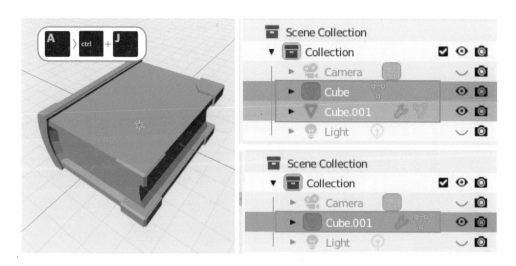

18. UV Editing Mode 〉 Edit Mode(tab) 〉 Edge Mode('3') 〉 'A' 모두 선택을 한다. 그러면 좌측 이미지에서처럼 UV 정보가 확인될 것이다.

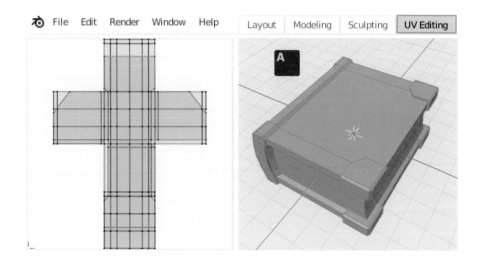

19. 이번에는 3차원 Object를 채색하기 위해 평면으로 펼쳐 주는 작업을 할 것이다. 위에서 모두 선택되어 있는 상태 〉 UV Mapping('U') 〉 Smart UV Prject 〉 Angle Limit: 53, Island Margin: 0.02로 아래와 같이 세팅하고 OK 하면 좌측 화면에 펼쳐진 UV map이 보이게 된다.

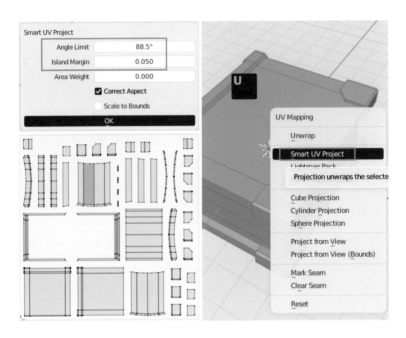

[참고: 좌측 하단의 Smart UV Project 창에서도 UV 편집이 가능하다.]

05 | 평범한 MV 포션

1. Add(shift A) 〉 Mesh 〉 Cylinder 〉 Add Cylinder 창 〉 Vertices: 12, Radius: 1, Depth: 5, Location Z: 1.5를 하여 아래와 같이 원기둥을 만든다.

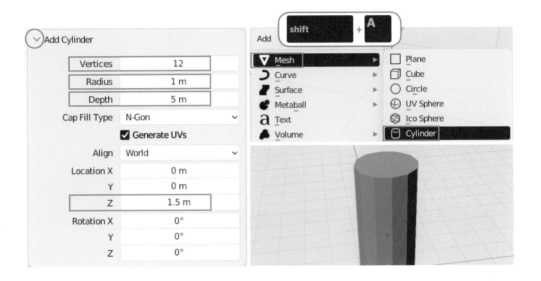

2. Edit Mode(tab) 〉 Loop Cut(ctrl + R) 〉 마우스 휠을 굴리면 Ⓐ와 같이 여러 개의 Loop Cut을 실행할 수 있다. 총 7개의 단면 Edge를 만들도록 한다.

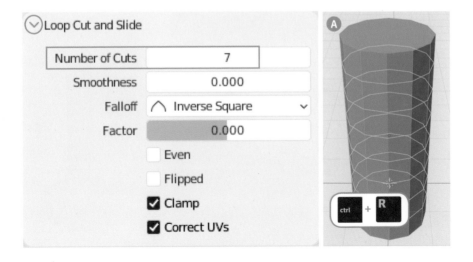

3. X-Ray Mode(alt + Z) 〉 아래 이미지와 같이 Right View(숫자 패드 '3')로 설정 〉 ★단면 Edge를 한 줄씩 Loop 선택(alt + LMB) 〉 이동('G') 〉 Z 방향('Z')으로 이동하여 전체적으로 아래 이미지와 같이 위치를 세팅한 후에 단면 ★Edge를 한 줄씩 Loop 선택(alt + LMB) 〉 크기 조절('S') + 마우스 이동으로 크기를 조절함으로써 아래와 같은 병 모양을 만든다.

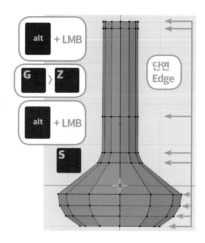

4. Object Mode(tab) 〉 객체 선택 〉 Modifier Properties 〉 Solidify 〉 Thickness: 0.13, Offset: -1로 세팅하면 아래 이미지와 같이 안쪽으로 두께가 생성된다. alt + Z로 X-Ray Mode를 해제한다.

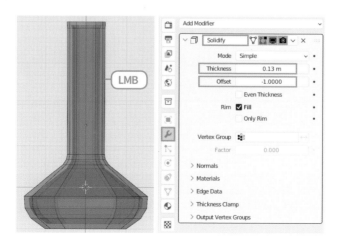

5. Edit Mode(tab) 〉 Face Mode('3') 〉 최초에 Cylinder 생성 시 가지고 있었던 상부 Face
Ⓐ를 선택 〉 'X' 〉 Faces 하여 삭제하면 우측과 같이 두께가 보인다.

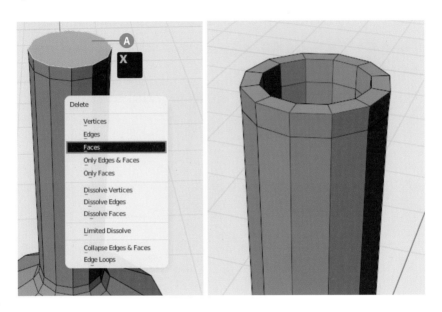

6. Object Mode(tab) 〉 약병 객체 원본 선택 〉 ctrl + C , ctrl + V 하여 우측 이미지와 같이
Cylinder.002를 복사 생성하고, 숨기고(H) 하자. Viewport에서 숨겨진 것이 확인될 것이다.

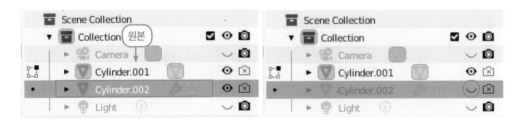

7. 원본 Cylinder.001을 선택 〉 우측 Modifier Properties 〉 ctrl + A 하면 Solidify가 적용되어 우측 이미지와 같이 사라지게 된다.

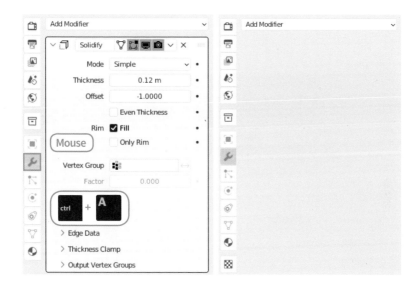

8. Edit Mode(tab) 〉 Face Mode('3') 〉 ❶ Ⓐ 다중 선택(alt + LMB) 〉 ❷ 돌출('E') 〉 크기 조절('S') 〉 마우스 이동 〉 enter 〉 ❸ Extrude Region and Move 창 〉 Scale X, Y, Z 모두 1.1로 설정한다.

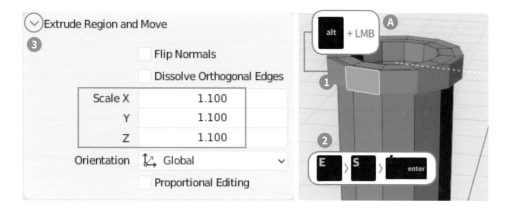

9. Object Mode(tab) 〉 Cylinder.001(원본)을 숨기기 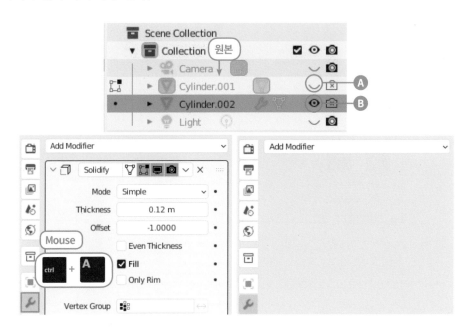(참고: 단축키 H를 쓰는 방법도 있다.) 〉 Cylinder.002를 보이기 ⓑ(Outliner에서 숨겼던 객체를 선택하고 Alt + H를 하면 보이게 하는 방법도 있다.) 〉 좌측 Modifier Properties 〉 ctrl + A 하면 Solidify가 적용되어 우측 이미지와 같이 사라지게 된다.

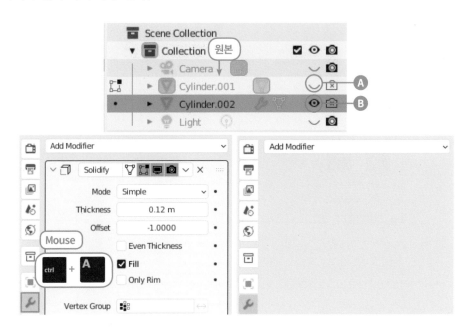

10. 이번에는 병 내부의 물약을 만들 것이다. Edit Mode(tab) 〉 Face Mode('3') 〉 Ⓐ alt + LMB(Loop 선택) 〉 'X' 〉 Faces 하여 윗부분 Face 먼저 지우고 Ⓑ에 마우스를 올려놓고 'L' 하여 중앙 이미지처럼 선택 〉 'X' 〉 Faces 하여 삭제한다. 결과적으로 우측 Ⓒ 이미지처럼 안쪽 Mesh만 남아 있게 된다.

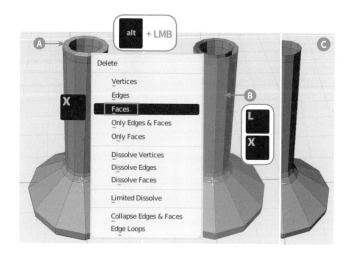

11. Ⓐ alt + LMB 〉 'X' 〉 Faces 하여 윗부분 Face를 삭제하고, Edge Mode('2') 〉 Ⓑ alt + LMB 〉 'G' 〉 'Z' 하여 물약이 있는 높이 만큼만 설정 〉 enter 한 후 'F'로 덥게 Face를 만들어 주자.

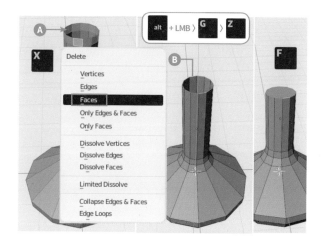

12. 위에서 물약을 완성했으니 물약은 숨기고 병은 보이도록 하자. 우선 Object Mode(tab) 〉 물약 객체 선택 〉 숨기기 해제(alt + H) 〉 Outliner에서 물약 객체 선택 〉 H 〉 숨기기(ctrl + H) 하면 물약은 숨겨지고 물병이 보이게 된다.

13. Object Mode(tab) 〉 Add(shift A) 〉 Mesh 〉 Cylinder 〉 Add Cylinder 창 〉 Vertices: 12, Radius: 0.34, Depth: 1, Location Z: 4로 하여 아래와 같이 원기둥을 만든다.

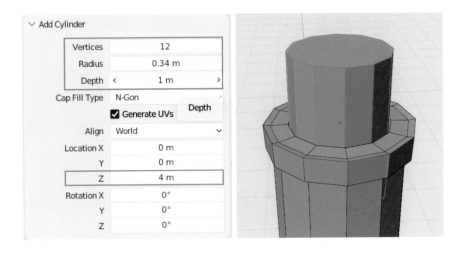

14. Edit Mode(tab) 〉 Edge Mode('2') 〉 Ⓐ Loop 선택(alt + LMB) 〉 크기 조절('S') 〉 마우스 이동하여 크기를 조금 크게 하고 X-Ray Mode(alt + Z) 〉 Ⓑ도 같은 방식으로 진행한다.

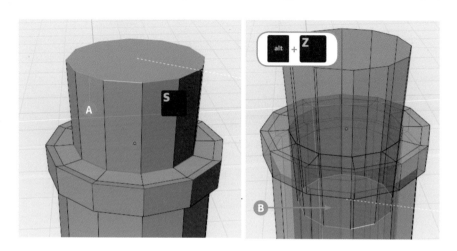

15. Ⓐ Loop 선택(alt + LMB) 〉 Bevel(ctrl + B) 〉 마우스 이동 〉 enter 하고

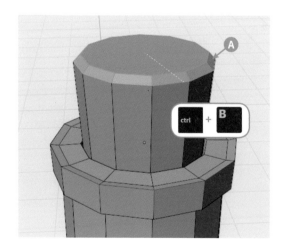

16. **B** 선택 〉 'I' 〉 마우스 이동 〉 enter 한다.

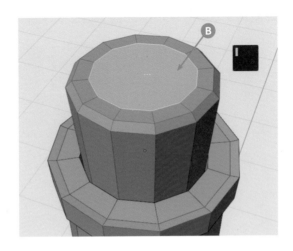

17. **A** 모서리를 선택 〉 Bevel(ctrl + B) 〉 마우스 이동 〉 enter 〉 Bevel 창 〉 Segments: 2로 변경한다.

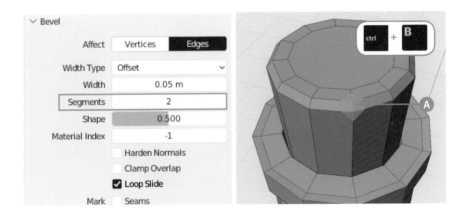

18. Edge Mode('2') 〉 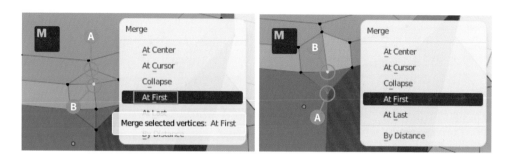 선택 〉 shift + B 선택 〉 Merge('M') 〉 At First 하여 Vertex를 병합한다.

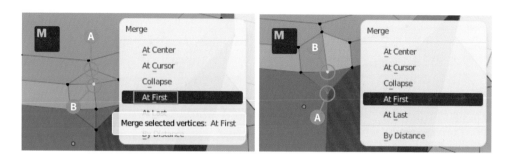

19. 아래와 같이 두 점(A, B)을 다중 선택(shift + LMB) 〉 크기 조절('S') 〉 마우스를 이동하여 적당한 간격이 되면 enter 한다. 아래 있는 두 Vertex C도 같은 방식으로 가까이 모아준다.

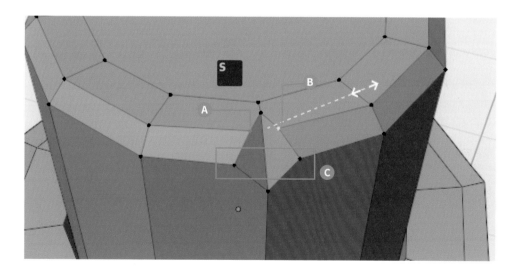

20. Edge Mode('2') 〉 Ⓐ 선택 〉 Bevel(ctrl + B) 〉 Bevel 창 〉 Width: 0.021, Segments: 2 하여 모서리를 굴려 주고 Ⓑ 부분도 Ⓐ와 같은 방법으로 진행하되 Width 값은 달라질 수 있다. alt + H 하여 위에서 숨겼던 물약을 보이게 한다.

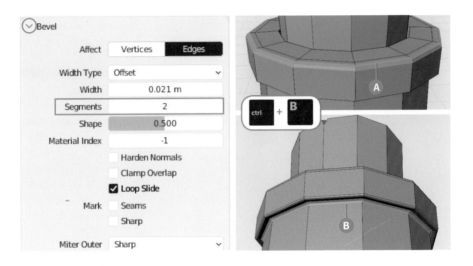

21. Object Mode(tab) 〉 All('A') 〉 Join(ctrl + J) 해서 결합한 후 〉 RMB 〉 Shade Smooth 하여 부드럽게 한다.

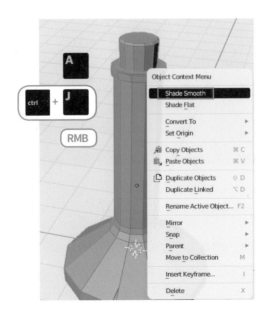

22. UV Editing Mode 〉 Edit Mode(tab) 〉 Face Mode('3') 〉 모두 선택('A')을 한다. 그러면 좌측 이미지에서처럼 UV 정보가 확인된다.

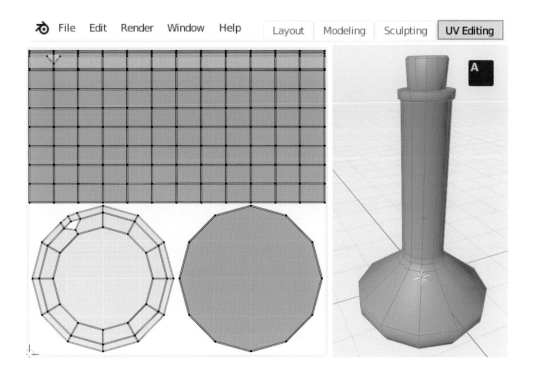

23. 이번에는 3차원 Object를 채색하기 위해 평면으로 펼쳐 주는 작업을 할 것이다. 위에서 모두 선택되어 있는 상태 〉 UV Mapping('U') 〉 Smart UV Prject 〉 Angle Limit: 50.6, Island Margin: 0.02로 아래와 같이 세팅하고 OK 하면 좌측 화면에 펼쳐진 UV map이 보이게 된다.

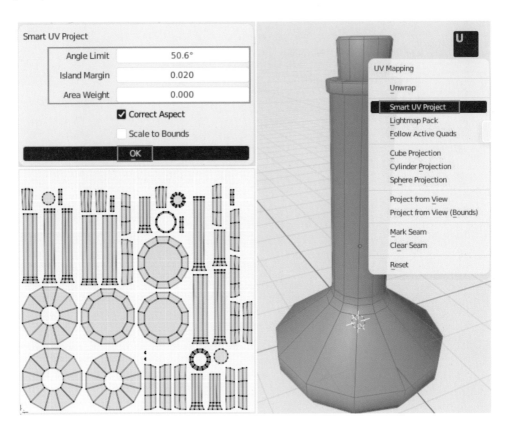

06 | 미카의 빗자루

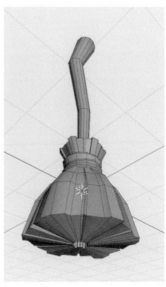

1. 기존 Cube 객체를 삭제('X')한 후, Add(shift A) 〉 Mesh 〉 Cylinder 〉 Add Cylinder 창 〉 Vertices: 18, Radius: 1, Depth: 2를 하여 아래와 같이 원기둥을 만든다.

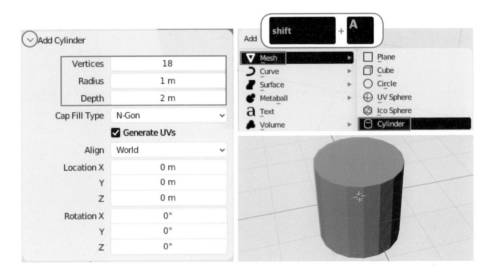

2. Edit Mode(tab) 〉 Face Mode('3') 〉 A를 선택 〉 'X' 〉 Faces 하여 지우고 반대편 아랫 부분 뒷면(B)도 같은 방식으로 삭제한다.

3. Object Mode(tab) 〉 Ⓐ 선택 〉 ctrl + C 〉 ctrl + V 〉 크기 조절('S') 〉 마우스 이동 〉 enter 〉 Resize 〉 Scale X: 0.15, Scale Y: 0.15, Scale Z: 1.1 하여 Ⓑ와 같이 긴 원통 형태로 만들어 준다.

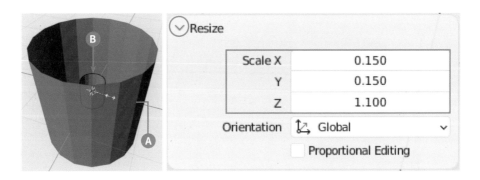

4. Ⓐ, Ⓑ 객체 모두 선택 〉 Join(ctrl + J) 〉 Edit Mode(tab) 〉 Edge Mode('2') 하여 편집 가 능한 상태로 만든다.

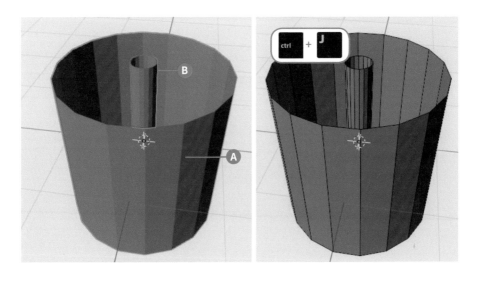

5. ⒶLoop 선택(alt + LMB) 〉 ⒷLoop 다중 선택(shift + alt + LMB) 〉 RMB 〉 Bridge Edge Loops 하여 두 선을 연결하는 Face를 만들어 준다. 아래 반대편에도 같은 방식으로 진행하여 중심부가 뚫려 있는 파이프 형태를 만든다.

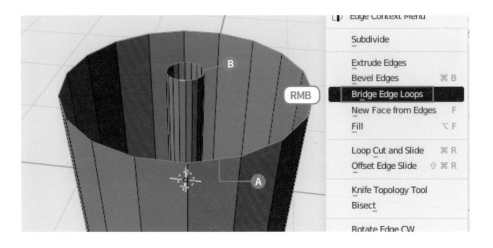

6. ⒶLoop 선택(alt + LMB) 〉 크기 조절('S') 〉 마우스 이동 〉 enter 〉 Resize Scale X, Y, Z 값을 모두 0.48로 조정한다.

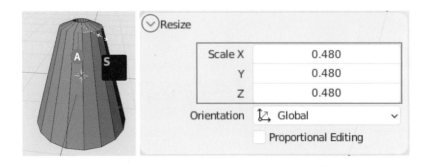

7. ★ Ⓐ Loop Cut(ctrl + R) 〉 Mouse Wheel 〉 (Edge가 2개가 생성되면) enter 〉 esc 하여 두 개의 Edge를 생성한다. ★ Ⓑ Loop 선택(alt + LMB) 〉 크기 조절('S') 〉 마우스 이동 〉 enter 〉 Edge를 따라 이동('G' × 2) 〉 enter를 반복하여 하여 아래 두 번째 이미지와 같이 만든다. [참고: 세 번째 이미지는 숫자 패드 3을 클릭하여 Right View를 통해 본 것이다.]

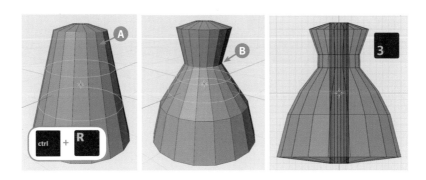

8. Face Mode('3') 〉 Ⓐ 부분을 Loop 선택(alt + LMB)하고 아래 좌측 첫 번째 이미지와 같이 나머지 부분도 shift + alt + LMB 하여 반복적으로 다중 선택한다. 크기 조절('S') 〉 마우스 이동 〉 enter 하여 두 번째 이미지와 같이 크기를 조절한다. 마지막으로 크기 조절('S') 〉 Z 방향('Z') 하여 Z 방향으로만 크기를 조절하여 세 번째 이미지와 같이 만든다. [참고: 꼭 규칙적이지 않아도 무방하다. 오히려 불규칙이 더 자연스러워 보일 수 있다. 하지만 불규칙에 스트레스를 받을 수 있으므로 본 장에서는 규칙적으로 선택하도록 하자.]

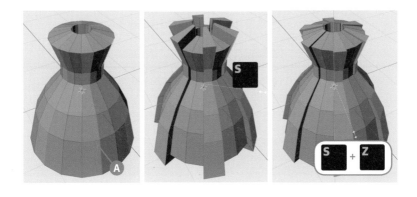

9. ★ Loop Cut(ctrl + R) 하여 기존에 있는 Edge Ⓐ 주변에 두 개의 Edge를 생성한다. [참고: Ⓓ 화살표는 뒷부분도 반복적으로 돌아가면서 실행한다는 의미임] Ⓑ를 Loop 선택 〉 Loop 다중 선택한 후 크기 조절('S') 키를 이용하여 Ⓒ와 같이 안쪽으로 밀어 넣는다.

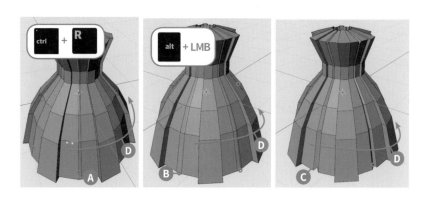

[참고: 아래는 자연스러운 연출을 위한 추가적인 모델링으로 선택적으로 실시하도록 하자.]

1. Vertex Mode('1')에서 Vertex들을 선택 〉 'G' × 2 하여 이동함으로써 조금 더 자연스러운 모델링을 완성할 수 있다. 이때 Transformation orientation을 Normal로 변경하여 수정하면 형태가 왜곡되지 않고 수정이 가능하다.

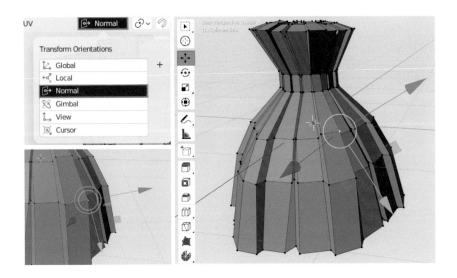

2. ① Loop Cut(ctrl + R) 〉 enter 〉 esc 하여 Edge를 아래 좌측 이미지와 같이 생성하고 우측 이미지와 같이 점을 이동(Move tool)하여 볼륨을 만든다.

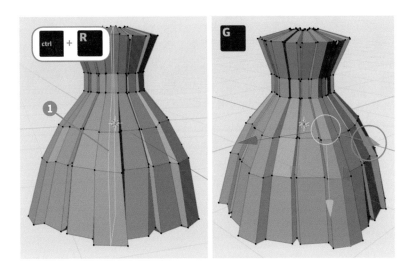

3. Ⓐ Loop Cut(ctrl + R) 〉 enter 〉 마우스 이동 〉 enter 〉 크기 조절('S') 〉 마우스 이동 〉 enter 〉 esc 하여 편집하고,

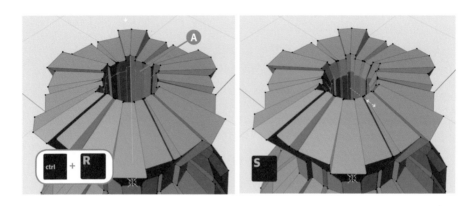

추가적으로 Ⓑ Loop Cut(ctrl + R) 하여 Edge를 생성하고 이동('G') 〉 Z 방향('Z') 하여 Z 방향으로 이동하여 볼륨감이 있게 한다.

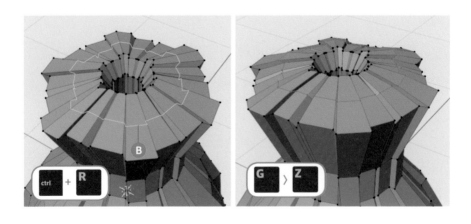

자루 만들기

10. Object Mode(tab) 〉 shift A 〉 Mesh 〉 Cylinder 하여 실린더를 생성하고 좌측 하단 Add Cylinder 창에서 Vertices: 13, Radius: 0.1, Depth: 4.5로 수정하고 Location Z를 3으로 변경한다.

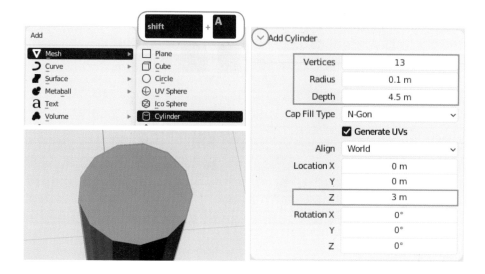

11. Edit Mode(tab) 〉 Vertex Mode('1') 〉 Loop Cut(ctrl + R) 〉 Mouse Wheel 〉 (Edge가 2 개 생성되면) enter 〉 esc 하여 아래 좌측 이미지 Ⓐ와 같이 두 개의 Edge를 생성 〉 X-Ray Mode(alt + Z) 〉 드래그하여 ★점 Ⓑ들을 선택한 후, 이동('G'), 크기 조절('S'), 회전('R')을 반복적으로 실시하여 아래 우측과 같이 굴곡 있게 변형한다. Ⓒ, Ⓓ도 같은 방법으로 아래 우측 이미지와 같이 만든다.

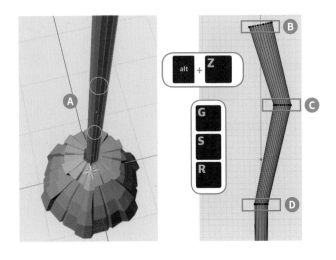

12. Object Mode(tab) 〉 All(Shift + A) 〉 Mesh 〉 Cylinder 〉 Add Cylinder 창 〉 Vertices: 12, Radius: 0.45, Depth: 0.38, Location Z: 0.52로 수정하여 아래 이미지와 같이 만든다.

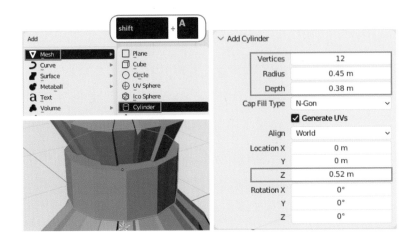

13. Edit Mode(tab) 〉 Face Mode('3') 〉 ctrl + R 〉 enter 〉 esc 하여 아래 좌측 이미지와 같이 만들고 크기 조절('S') 〉 마우스 이동 〉 enter 하여 아래 우측 이미지와 같이 조정한다.

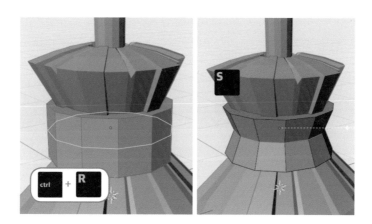

14. Face Mode('3') 〉 [참고: Ⓐ 선택 〉 Inset('I') 〉 마우스를 이동하여 아래 두 번째 이미지와 같은 안쪽으로 넣고 enter 하여 Edge를 추가한다. Ⓑ Face 선택된 상태 〉 'X' 〉 Faces 하여 삭제한다. 반대편 아래 부분도 같은 방식으로 삭제한다.]

[참고: 현재 다른 주변 객체들이 보이지 않는 이유는 작가가 설명을 쉽게 하기 위해 Outliner에 숨겨서 보이지 않는 것이다.]

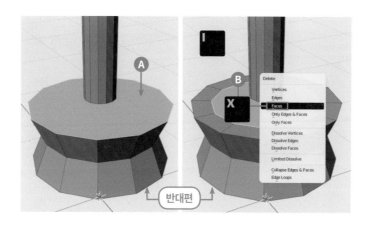

15. Ⓐ Edge를 Loop 선택, 다중 선택한 후, 크기 조절('S') 〉 Z 방향('Z') 〉 마우스를 이동 하여 Z 방향으로 모이게 한다. Vertex Mode('2') 〉 Ⓑ와 같이 이동을 원하는 Vertex 선택 〉 'G' × 2 하여 Edge를 따라 점을 이동한다. 다른 Vertex들도 같은 방법으로 자유롭게 움직 여 자연스러운 모양을 완성한다.

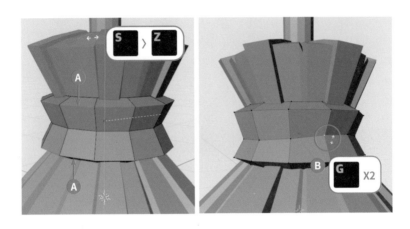

16. 이번에는 뾰족한 Ⓐ 모서리를 부드럽게 하기 위해서 Ⓐ 모서리를 Loop 선택(alt + LMB) 〉 ctrl + B 〉 Width: 0.03, Segments: 2로 수정하여 아래 우측 이미지와 같이 만든다.

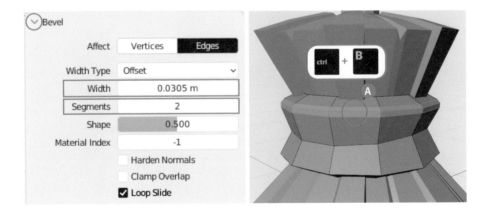

17. 나머지 모서리 Edge들도 같은 방식으로 마무리한 다음 Ⓐ, Ⓑ, Ⓒ 모두 다중 선택 (shift + LMB)한 후 ctrl + J 하여 결합한다.

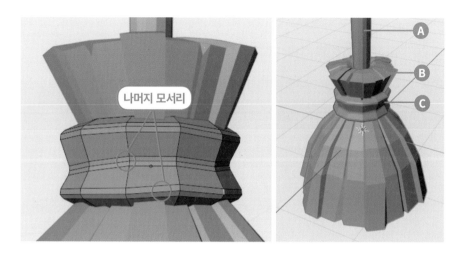

18. Object Mode(tab) 〉 ❶ Ⓐ 선택 〉 RMB 〉 Shade Smooth 〉 ❷ Object Data Properties 〉 Normals 〉 Auto Smooth 체크 47.6으로 변경한다. 47.6도 이하는 모두 부드럽게 한다는 의미이다.

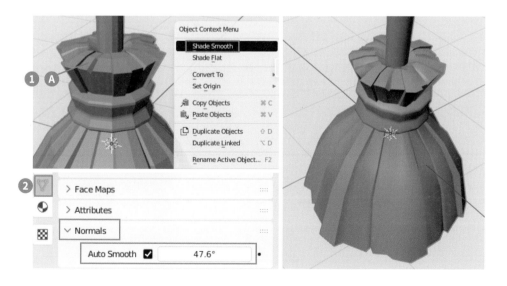

19. UV Editing Mode 〉 Edit Mode(tab) 〉 Edte Mode('3') 〉 모두 선택('A')한다. 그러면 좌측 이미지에서처럼 UV 정보가 확인된다.

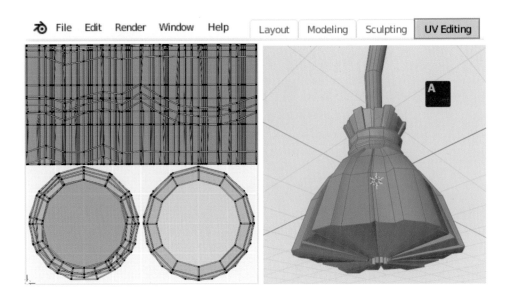

20. 이번에는 3차원 객체를 채색하기 위해 평면으로 펼쳐 주는 작업을 할 것이다. 상단 메뉴바에서 UV Editing을 선택하면 화면이 반으로 분할된다. 우측 화면에서 'U' 〉 Smart UV Prject 〉 Angle Limit: 70°, Island Margin: 0.01로 아래와 같이 세팅하고 OK 하면 좌측 화면에 펼쳐진 UV map이 보이게 된다. 만약 아래와 다르다면 다음 이어지는 [참고]를 보고 Smart UV Project 값을 수정할 수 있다.

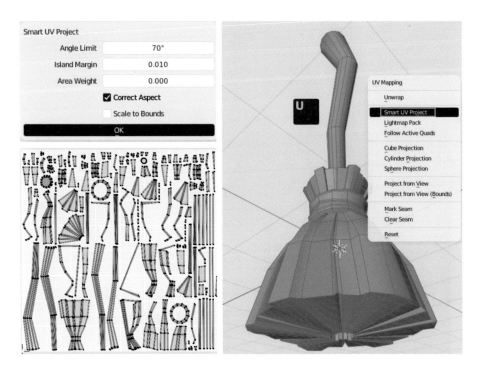

[참고: 좌측 하단의 Smart UV Project 창에서도 UV 편집이 가능하다.]

07 | 배틀로얄 선물 상자

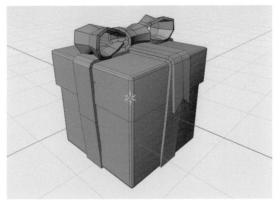

1. ❶ 기존의 Cube를 사용하여 선물 상자를 만들어 보도록 하자. Edit Mode(tab) 〉 Edge('2') 〉 Loop Cut(ctrl + R) 〉 enter 〉 마우스를 위로 이동 〉 enter 하여 Edge를 추가한다. ❷ Face Mode('3') 〉 shift + LMB 하여 좌측과 같이 상자의 뚜껑이 될 면을 선택한다.

[주의: 이때 뒷부분의 면도 제대로 선택이 잘 되도록 객체를 회전(Wheel Drag)하면서 꼼꼼히 선택한다.] ❸ 돌출('E') 〉 크기 조절('S') 〉 마우스를 움직여 상자 뚜껑 부분을 돌출/크기 조절한 다음 enter 한다.

2. Edge Mode('2') 〉 alt + shift + LMB 하여 아래와 같이 중간 모서리 부분을 다중 선택한다. ctrl + B 〉 마우스 이동 〉 LMB 〉Bevel 창 〉 Segment: 2 하여 우측 이미지처럼 모서리를 부드럽게 한다.

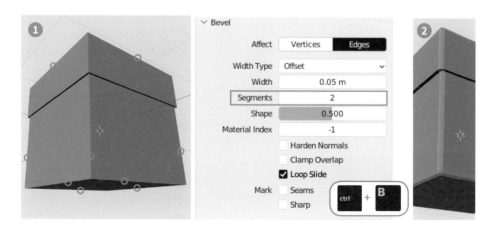

3. Object Mode(tab) 〉 Add(shift + A) 〉Mesh 〉 Plane 〉 Add Plane 창 옵션에서 Size, Location X, Rotation Y값을 수정한다.

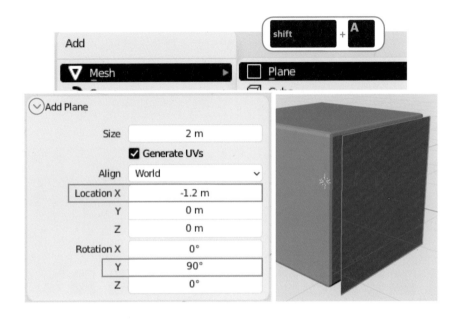

4. 크기 조절('S') 〉 Y 방향('Y')으로 아래 이미지와 같이 마우스를 움직여 크기를 조절한 후 LMB 한다.

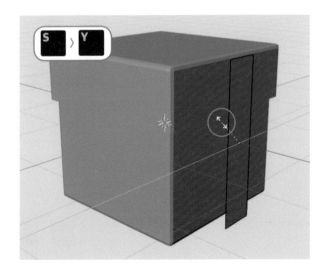

5. ① 객체 선택 〉 'N'키로 변형 메뉴를 보이게 한 후 Edit 〉 Auto Mirror를 활성화한다. ②
Modifier Properties 〉 Mirror Object를 Cube로 바꿔 주면 X축으로 대칭이 된다.

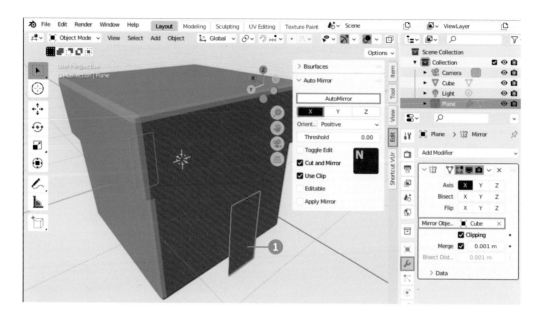

6. Edit Mode(tab) 〉 Edge Mode('2') 〉 ① Edge 선택 〉 돌출('E') 〉 Z 방향('Z') 〉 마우스
이동 〉 LMB 하여 위(Z 방향)로 돌출하고 ② 다시 돌출('E') 〉 X 방향('X') 〉 마우스 이동 〉
LMB 하여 X 방향으로 돌출한다.

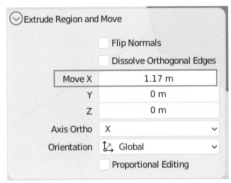

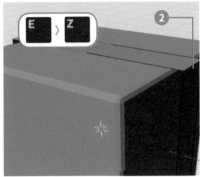

7. 모서리 부분 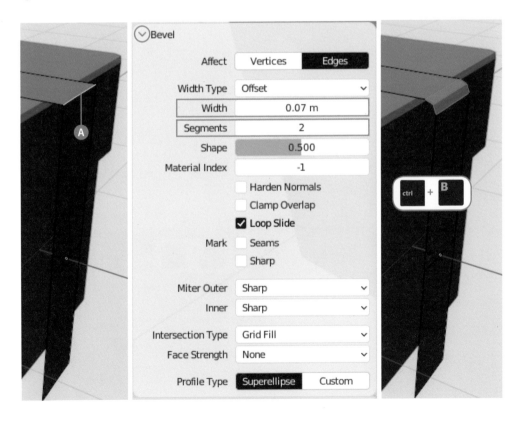를 선택하고 Bevel(ctrl + B) 〉 마우스 이동 〉 LMB 〉 Bevel 창 〉 Segment: 2로 하여 우측 이미지처럼 모서리에 Edge를 추가하여 굴려 주도록 하자.

8. Face Mode('3') 〉 ❶ 선택 〉 shift + Duplicate('D') 〉 Z 방향('Z') enter 〉 esc 하여 기존 면을 복제하여 위(Z 방향)로 따로 배치한다.

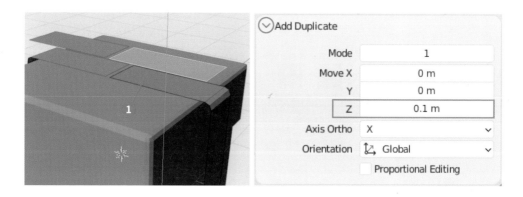

9. 다음 이동('G') 〉 X 방향('X')을 통해 X 방향으로 아래 이미지와 같이 이동할 것이다. 이동('G') 〉 X 방향('X') 〉 enter 〉 esc 〉 Move 〉 Move X: 0.12로 수정한다.

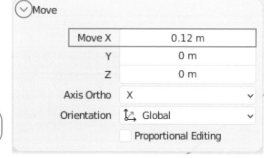

10. Edge Mode('2') 〉 Ⓐ 선택 〉 돌출('E') 〉 Z 방향('Z')으로 이동 〉 Ⓑ에서 LMB 한다. 〉 이동('G') 〉 'X'을 통해 조금만 바깥으로(Ⓒ) 이동 〉 LMB 한다. 경우에 따라서 Ⓓ 부분도 이동('G') 〉 'X' 하여 이동하고 Left View(숫자 패드 '1') 〉 간격을 아래 이미지와 같이 확인한다.

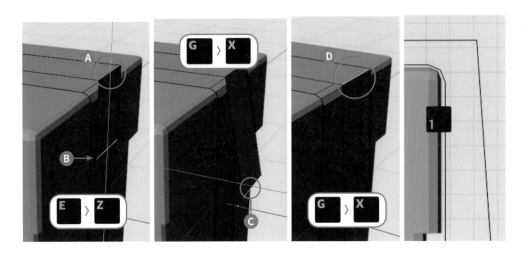

11. Add(shift + A) 〉 Cylinder 〉 Add Cylinder 옵션 창에서 아래와 같이 치수를 조절한다.

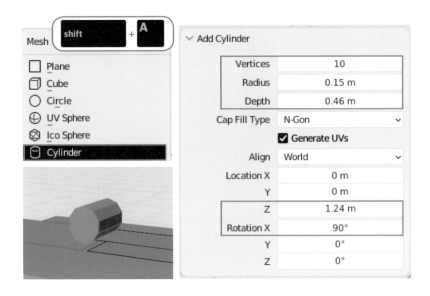

12. Face Mode('3') 〉 'X' 하여 앞뒤 원을 각각 선택하여 삭제한다.

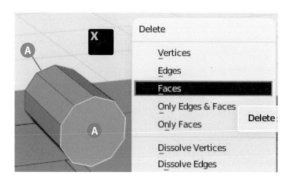

13. 커서를 객체에 올려 놓고 객체 선택(L) 〉 크기 조절('S') 〉 Z 방향('Z') 〉 마우스이동 〉 LMB 하여 타원 형태로 만든다.

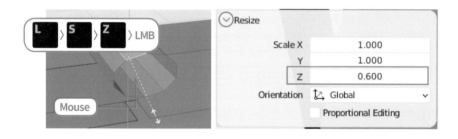

14. Loop Cut(ctrl + R) 〉 enter 〉 esc 하여 Ⓐ 중앙에 Edge 하나를 추가하고 ❶ Loop 선택 (alt + LMB) 〉 ❷ Loop 다중 선택(shift + alt + LMB) 〉 크기 조절('S') 〉 마우스 이동 〉 LMB 하여 크기를 아래 이미지와 같이 조금 크게 한다.

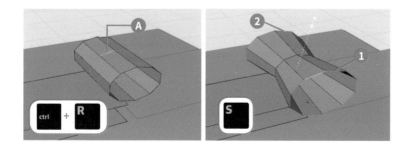

15. 이번에는 Ⓐ 객체를 분리할 것이다. Face Mode('3') 〉 객체 선택('L')하여 아래와 같이 선택한 후, 'P' 〉 Selection 하면 Plane 하나였던 것이 Ⓑ Plane 001로 분리된다.

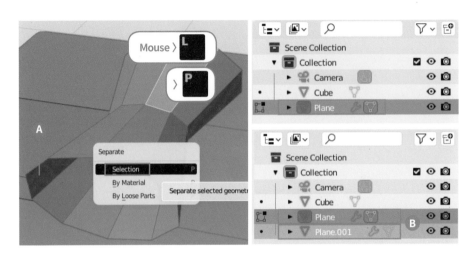

16. Object Mode(tab) 〉 Add(shift + 'A') 〉 Mesh 〉 Plane 〉 Add Plane 〉 Size: 0.3, Location Y: 0.43, Z: 1.3으로 조정하여 우측 이미지와 같이 만든다.

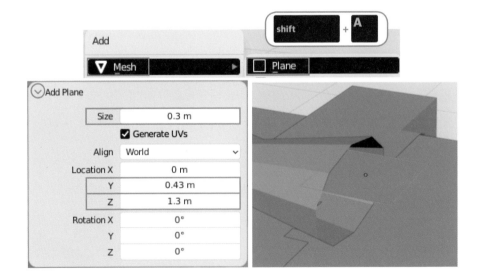

17. Edit Mode(tab) 〉 Vertex Mode('1') 〉 Right View(숫자 패드 3) 〉 X-Ray Mode(alt + Z) 〉 ① 점 선택하고 'G'키로 이동 〉 LMB 〉 ★ 돌출('E') 〉 마우스 이동 〉 LMB 명령을 반복하여 아래 우측과 같은 리본 단면을 생성한다.

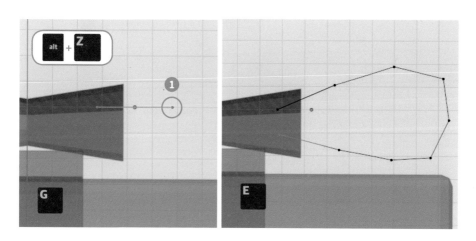

18. X-Ray Mode(alt + Z)로 X-Ray Mode 해제 〉 Edge Mode('2') 〉 뷰 회전(MMB Drag) 〉 A Edge 선택 〉 크기 조절('S') 〉 X 방향('X') 하여 적당한 크기로 조절 〉 LMB 한다. 이어서 다른 B 부분도 A와 같이 조절한다.

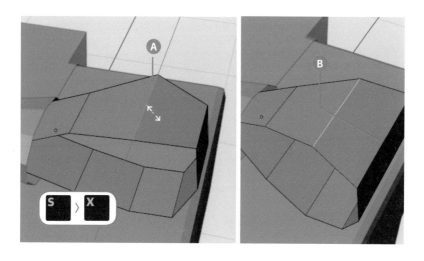

19. Object Mode(tab) 〉 Ⓐ 선택(이미 선택되어 있음) 〉 Modifier Properties 〉 Mirror 〉 Axis: Y 〉 Mirror Object: Cube 하면 좌측 이미지와 같이 반대쪽에도 복사되어 보인다.

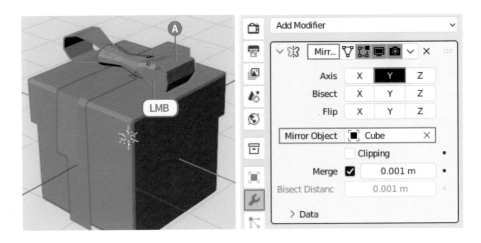

20. Edit Mode(tab) 〉 Edge Mode('2') 〉 ❶ Loop Cut(ctrl + R) 〉 enter 〉 esc 하여 리본 중앙에 Edge를 삽입한다.

다음 ❷ Edge가 선택된 상태에서 크기 조절('S') 〉 마우스 이동으로 크기를 조절한 후, 아래 우측 이미지와 같이 LMB 한다.

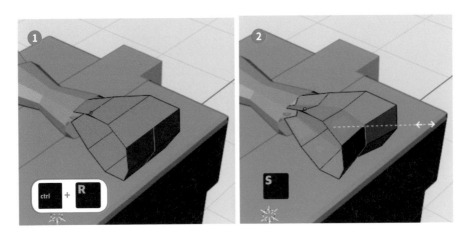

21. 이번에는 매듭 끝부분 정리를 할 것이다. Object Mode(tab) 〉 Ⓐ 매듭 부분 선택 〉 Edit Mode(tab) 〉 Ⓑ Edge 선택 〉 Bevel(ctrl + B) 〉 마우스 이동 〉 LMB 〉 Bevel 창의 Width Type과 Segments를 아래와 같이 수정한다.

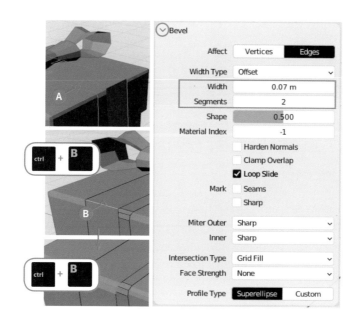

22. ❶ Loop Cut(ctrl + R) 〉 enter 〉 esc 하여 Edge를 삽입하고 Vertex Mode('1')에서 ❷ 의 Ⓐ점을 선택 〉 이동('G') 〉 Z 방향('Z') 〉 마우스 이동 〉 enter 한다. ❸의 Ⓑ도 같은 방식으로 진행하되 Ⓑ점을 선택 〉 이동('G') 〉 Z 방향('Z') 〉 마우스 이동 〉 enter 한다. [참고: ❸ 은 선택 사항이니 꼭 이동하지 않아도 된다.]

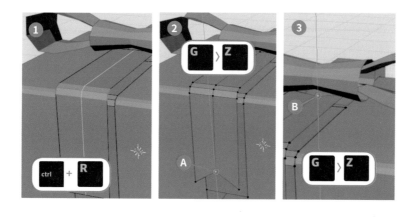

23. 이번에는 리본 메듭 두께를 생성해 보자. Object Mode(tab) 〉 Ⓐ 선택 〉 Modifier Properties 〉 Solidify 〉 Thickness: -0.06 하여 두께를 생성한다.

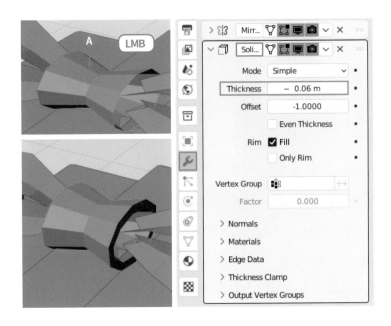

24. 리본 부분도 위 23과 같은 방식으로 진행한다. Ⓐ 선택 〉 Modifier Properties 〉 Solidify 〉 Thickness: -0.05 하여 두께를 생성한다.

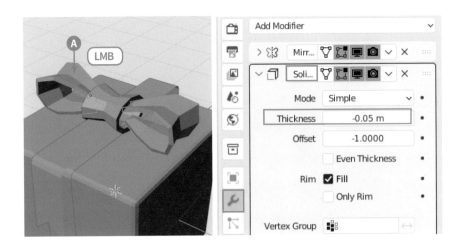

25. 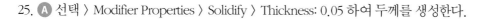 선택 〉 Modifier Properties 〉 Solidify 〉 Thickness: 0.05 하여 두께를 생성한다.

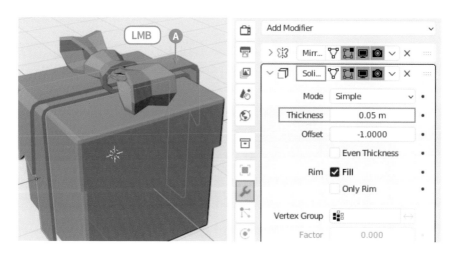

26. 만약 모양을 조금 수정하고 싶다면 Edit Mode(tab) 〉 Vertex Mode('1') 〉 ① X-Ray Mode(alt + Z)로 바꾼다. 이동하고자 하는 점(들)을 선택 〉 이동('G') 〉 X 방향('X') 또는 이동('G') 〉 Y 방향('Y') 또는 이동('G') 〉 Z 방향('Z')을 혼용하여 적절하게 이동하여 편집한다. [참고 1: ②에서와 같이 Right View(숫자 패드 3)에서 작업하면 조금 더 수월하게 할 수 있다.] [참고 2: ③와 같이 Lasso 툴을 이용하면 선택이 쉬워진다.]

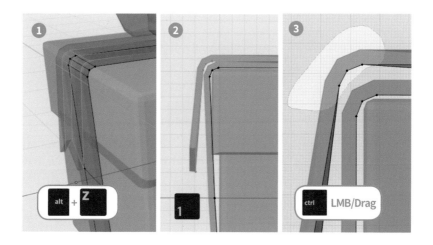

27. 이번에는 리본 끈을 분리해 볼 것이다. Face Mode('3') 〉 ③ Loop 선택(alt + LMB) 〉 'P' 〉 Selection 하면 위의 리본 끈 ①과 ②는 분리된다. 완료되면 X-Ray Mode(alt + Z)를 해제한다.

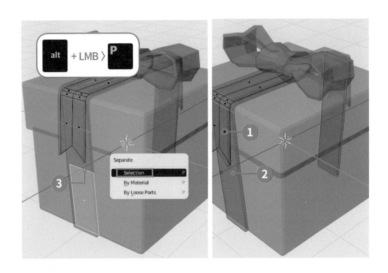

28. Object Mode(tab) 〉 ④가 선택된 상태 〉 Modifier Properties 선택 〉 ⑧에 커서를 올려놓고 ctrl + A(Apply) 하여 ⓒ와 같이 깨끗하게 정리한다. ⑩도 같은 방식으로 적용(Apply)하자.

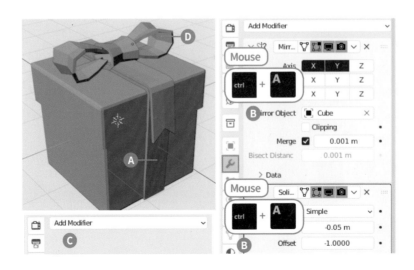

29. Ⓐ 객체를 선택하면, 중심점 Ⓑ가 (선택된 객체의 중심 부분이 아니라) 한 쪽에 쏠려 있는 것을 알 수 있다. 중심점을 선택된 객체의 중심으로 이동하기 위해서 Ⓐ 객체 선택 〉 RMB 〉 Set Origin 〉 Origin to Geometry 하여 중심점을 객체의 중심으로 이동한다. 이렇게 해야 대칭 복사 등이 원활하게 이루어진다.

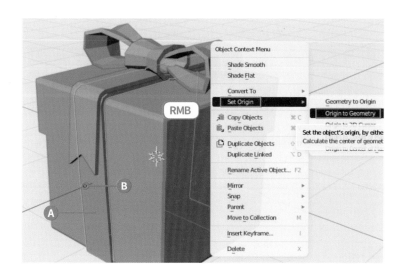

30. Ⓐ 객체 선택 〉 Duplicate(alt + D) 〉 esc 하면 제자리 복사/붙여넣기가 된다. 그대로 선택된 상태에서 Object Properties 〉 Rotation Z값을 90도로 바꾸면 아래 우측과 같이 회전 이 되게 된다.

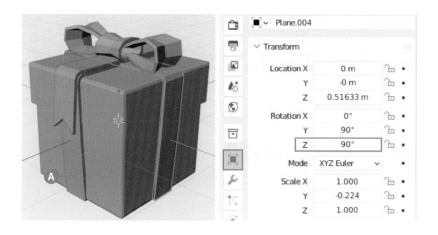

31. 이번에는 Smooth를 적용하되 각도에 대한 조건을 부여하여 제한적으로 적용을 해 볼 것이다. Ⓐ 선택 〉 RMB 〉 Shade Smooth 〉 Object Data Properties 〉 Normals 체크 62 하면 62도 이하면 Smooth 된다. 나머지 부분도 같은 방식으로 진행해 보자.

32. 마지막으로 UV map을 위한 사전 작업으로써 객체 전체를 합칠 것이다. 우선 All('A') 모두 선택 〉 결합(ctrl + J)을 하면 Outliner에서 하나의 객체로 합쳐진 것을 확인할 수 있다.

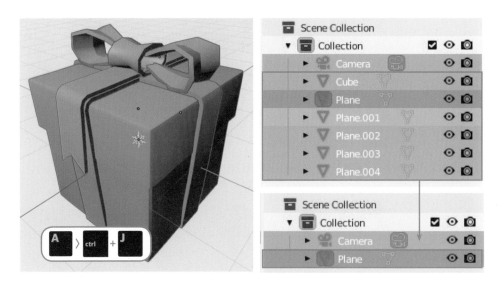

33. 이번에는 3차원 Object를 채색하기 위해 평면으로 펼쳐 주는 작업을 할 것이다. UV Editing Mode 〉 Edit Mode(tab) 〉 Face Mode('3') 〉 모두 선택('A')을 한다. 그러면 좌측 이미지에서처럼 UV 정보가 확인된다.

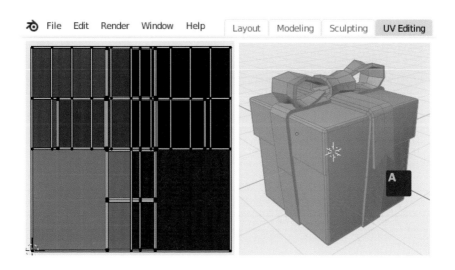

34. UV Mapping('U') 〉 Smart UV Project 〉 Angle Limit: 53, Island Margin: 0.02로 아래와 같이 세팅하고 OK 하면 좌측 화면에 펼쳐진 UV map이 보인다.

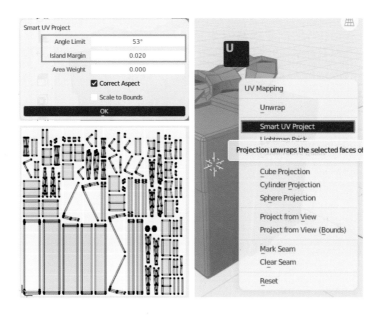

[참고: 좌측 하단의 Smart UV Project 창에서도 UV 편집이 가능하다.]

08 | 여신의 백도검

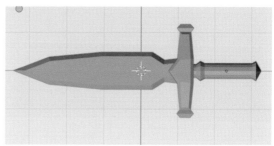

1. 기존의 Cube를 사용하여 검을 만들어 보도록 하자. Top View(숫자 패드 7) 〉 X-Ray Mode(alt + Z) 〉 Edit Mode(tab) 〉 Vertex Mode('1') 상태로 만든다.

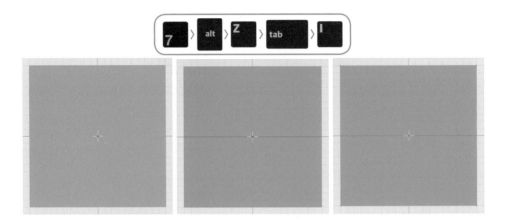

2. ❶ Loop Cut(ctrl + R) 〉 enter 〉 esc 하여 세로 Edge를 삽입한다. 이어서 ❷ 가로 방향으로 다시 Loop Cut(ctrl + R) 〉 Wheel을 굴려 Edge를 두 개 생성 〉 enter 〉 esc 한다.

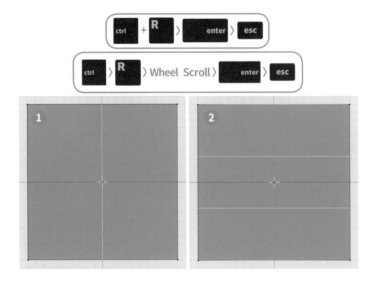

3. Vertex Mode('1') 〉 Mirror 옵션 설정 ⛭ x Y z 〉 X-Ray 모드(alt+Z) 〉 아래와 같이 Vertex들을 선택 〉 이동('G')하여 아래 모양과 유사하게 만든다.

[주의: Vertex를 선택할 때 클릭하여 선택하지 말고 드래그하여 영역을 설정하여야 뒷부분의 Vertex도 선택되게 된다.]

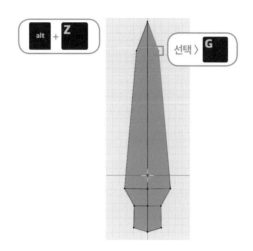

4. Mirror 옵션 해제 ⛭ x Y z 〉 Face Mode('3') 〉 X-Ray Mod(alt + Z) 해제 〉 Ⓐ Face 다중 선택 〉 Insert('I') 〉 마우스 이동 〉 enter 〉 Insert Feces 옵션의 Thickness: 0.08로 수정하고 enter 한다.

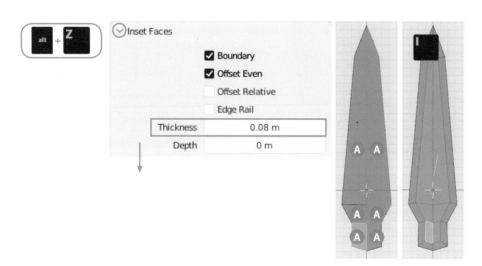

5. 뷰 회전(MMB Drag) 〉 이동('G') 〉 Z 방향('Z') 〉 적당한 높이에서 LMB 〉 좌측 하단 Move 옵션 창에서 Move Z값을 0.042로 변경하고 enter 한다.

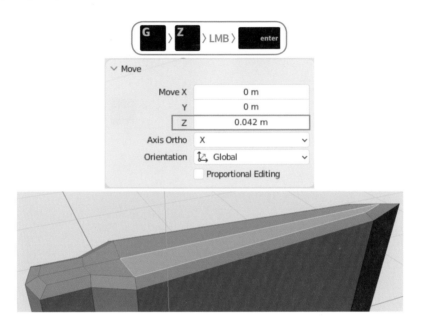

6. Loop Cut(ctrl + R) 〉 enter 〉 esc 하여 Edge를 한 개 삽입하고 이동('G') 〉 Z 방향('Z') 〉 마우스 이동 〉 LMB 〉 Move Z: 0.05m 〉 enter 한다.

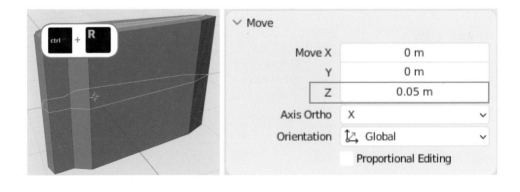

7. 이번에는 Mirror 기능을 사용하여 대칭 작업을 수월하게 해 볼 것이다. X-Ray Mode〉 Face Mode('3')〉 Ⓐ Face 선택〉 삭제('X')〉 Faces 하여 반쪽 부분을 삭제한다.

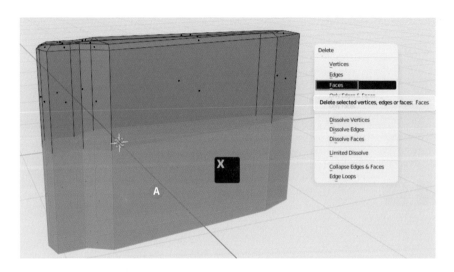

8. 변형 메뉴('N')〉 Edit〉 Z〉 AutoMirror 하면 아래와 같이 반대편에도 복사되고 윗부분이 수정되면 아랫부분도 같이 수정된다.

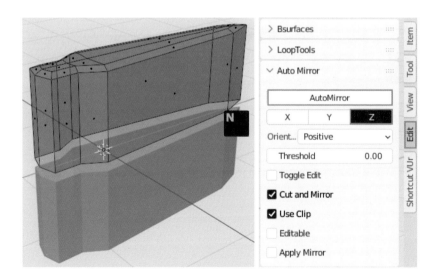

9. Right View(숫자 패드 3) 〉 Vertex Mode('1') 〉 ★ 수정하고자 하는 Vertex들을 선택 〉
이동('G') 〉 Z 방향('Z')을 반복하여 아래와 같이 만든다. Ⓐ는 칼날 부분이고 Ⓑ는 칼등이
될 것이다.

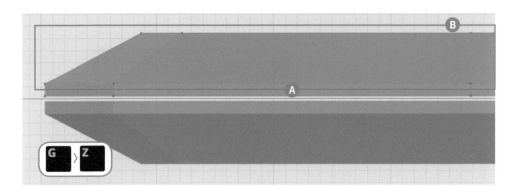

10. X-Ray Mode(alt + Z) 해제 〉 Object Mode(tab) 〉 Ⓐ ctrl + A(Apply) 하여 Ⓑ와 같이
적용한다.

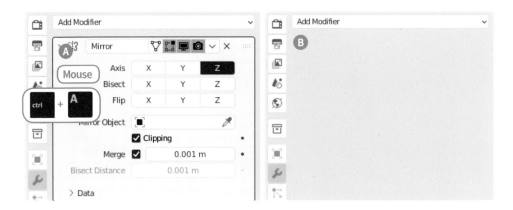

11. 다시 Edit Mode(tab) 〉 Vertex Mode('1') 〉 아래 좌측 이미지와 같이 ★ Ⓐ, Ⓑ 떨어져 있는 두 Vertex를 선택(순서 무관) 〉 Merge('M') 〉 At Center 하면 중간에서 두 점이 붙는다. 추가적으로 다른 떨어져 있는 부분들도 돌아가면서 전체적으로 ★ 을 반복하여 Merge 하도록 하자. [참고: 모양이 마음에 들지 않는다면 Vertex를 이동해서 정리해도 좋다.]

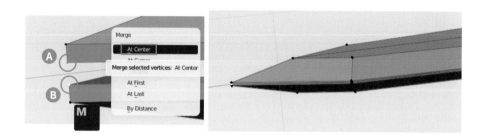

12. Object Mode(tab) 〉 Add(shift + A) 〉 Mesh 〉 Cylinder 〉 Add Cylinder 창에서 아래와 같은 치수로 수정한다. [참고: 칼날 모델링 시 치수 기반으로 하지 않았기 때문에 다소 아래 치수와 다를 수 있다. 따라서 꼭 아래와 같은 치수로 맞추지 않아도 무방하다.]

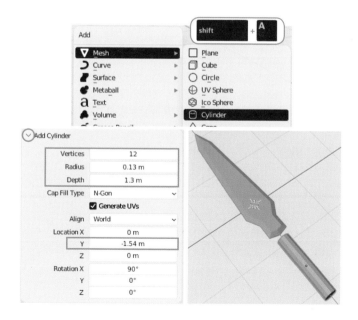

13. Edit Mode(tab) 〉 Loop Cut(ctrl + R) 〉 마우스 휠을 굴려 5개 Edge 추가 〉 enter 〉 esc 한다.

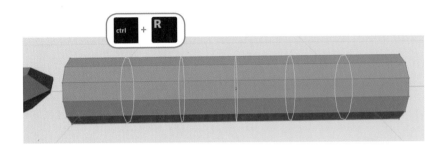

14. ★ Loop 선택(alt + LMB) 〉 'G' × 2 하여 아래와 같이 양쪽으로 이동한다. 다른 Edge 도 같은 방식으로 진행한다. [참고: ★ 은 반복구 간이다.]

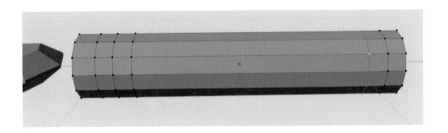

15. Ⓐ ★ Loop 선택(alt + LMB) 〉 크기를 조절('S')한다. Ⓑ도 같은 방식으로 진행한다.

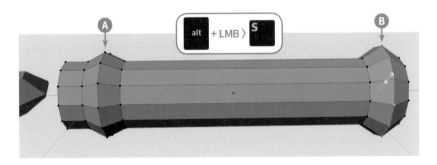

16. Object Mode(tab) 〉 Add(shift + A) 〉 Mesh 〉 Cube 〉 Add Cube 창 〉 Size: 0.29,
Location Y: -0.82로 수정한다.

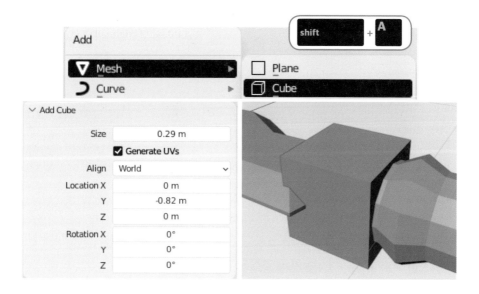

17. Ⓐ Cube 선택 〉 크기 조절('S') 〉 Z 방향('Z')으로 크기를 아래와 같이 조절한다. [참
고: Cube와 손잡이와 만나는 곳 Ⓑ는 나중에 크기 조절할 것이다.

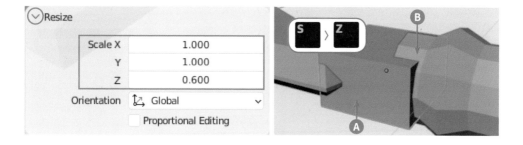

18. 위에서 생성한 Cube를 Outliner에서 ctrl + C 〉 ctrl + V 복사 붙여넣기를 한 후, 를 선택하여 숨기기(H) 한다.

19. 이번에는 대칭 과정을 수행하기 위한 기초 작업으로 Edit Mode(tab) 〉 Face Mod('3') 〉 Loop Cut(ctrl + R) 〉 enter 〉 esc 하여 중앙에 Edge를 추가한 후, 아래 우측처럼 절반에 해당하는 Face들 A를 다중 선택(shift + LMB) 〉 'X' 〉 Faces를 선택하여 삭제한다.

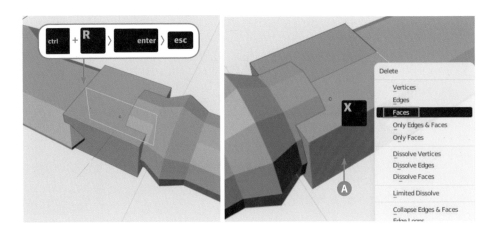

20. Object Mode(tab) 〉 Modify Properties 〉 Mirror 하면 우측과 같이 절반에 해당하는 Cube의 반대편도 생성될 것이다.

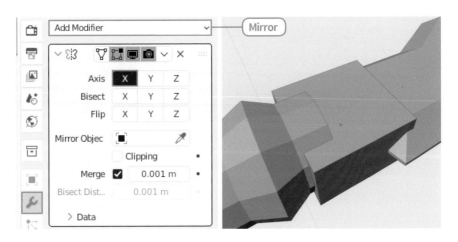

21. Edit Mode(tab) 〉 Face Mode('3') 〉 Ⓐ Face 선택 〉 이동('G') 〉 마우스 이동 〉 LMB 〉 Move 창 〉 Move X: -0.45로 수정하고 enter 한다.

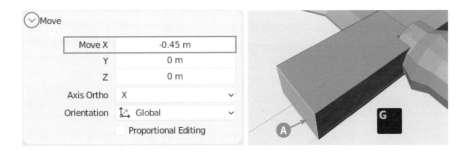

22. 크기 조절('S') 〉 enter 〉 Resize 창 〉 Scale X, Y, Z를 0.32로 수정한다.

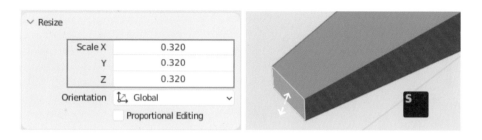

23. 돌출('E') 〉 enter 〉 esc 〉 크기 조절('S') 〉 enter 〉 esc 〉 ★돌출('E') 〉 마우스 이동 〉 LMB 〉 크기 조절('S') 〉 LMB 〉 반복적으로 아래 이미지를 만들어 간다.

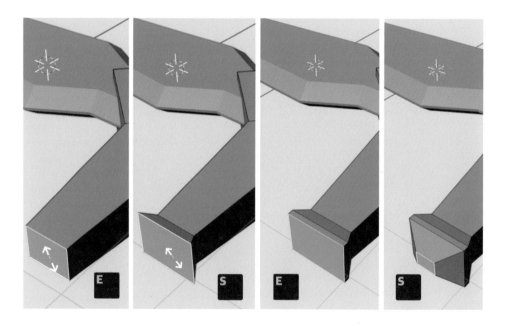

24. Object Mode(tab) 〉 Outliner 〉 Cube002 숨기기 〉 Cube004 보이기 〉 Outliner에서 Cube004 선택 〉 Object Properties 〉 Rotation Z: 45로 회전한다.

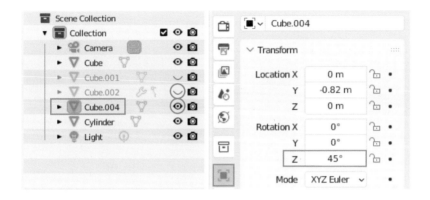

[참고: 위 Cube004는 위 16에서 만들고 18에서 숨겼던 Cube이다.]

25. 위에서 회전이 원활하게 되었다면 아래 ⓐ와 같이 Cube가 회전되어 있을 것이다. Edit Mode(tab) 〉 Edge Mode('2') 〉 ctrl + R 〉 enter 〉 esc 하여 Edge를 중앙에 추가한 후, '3'(Face Mode) 〉 중앙의 Edge 아래 있는 ⓑ Face들은 아래 이미지와 같이 모두 다중 선택 〉 'X' 〉 Faces 선택하여 삭제한다.

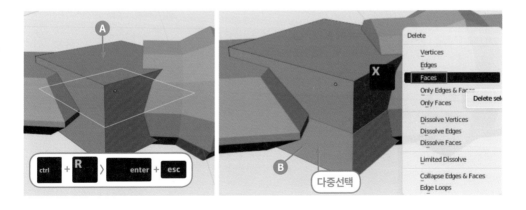

26. Object Mode(tab) 〉 Modify Properties 〉 Mirror 〉 Axis: Z로 설정하면 아래 좌측 이미지처럼 반쪽인 객체 아래쪽에 복사되어 보이게 된다.

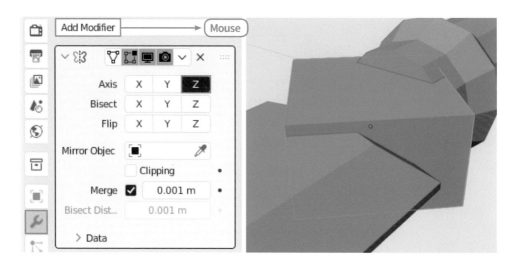

27. Edit Mode(tab) 〉 Face Mode('3') 〉 Ⓐ 선택 〉 Inset('I') 〉 마우스 이동 〉 LMB 〉 Inset Faces 〉 Thickness: 0.05로 변경하면 아래와 같이 Face가 안쪽으로 생성된다.

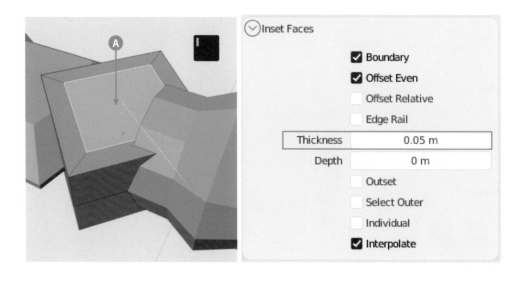

28. 이번에는 위로 조금만 이동해 보자. 이동('G') 〉 Z 방향('Z') 〉 마우스 이동 〉 LMB 〉 Move 창 〉 Move Z: 0.02로 수정하면 0.02m만큼 Z 방향으로 이동하게 된다.

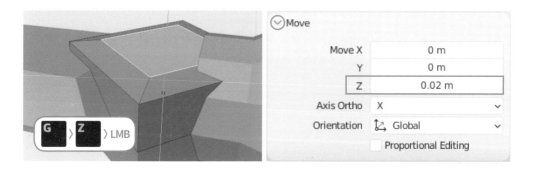

29. Outliner에서 숨겨 두었던 🅐 Cube002(크로스 가드)를 다시 보이게 하자.

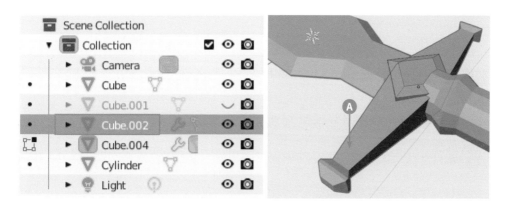

30. 만약에 모델링이 마음에 들지 않는다면 부분적으로 편집도 가능하다. 편집하는 방법은 Object Mode(tab)에서 편집하고자 하는 객체를 선택한 후, Edit Mode(tab) 〉 Vertex Mode('1')에서 선택 후 이동, 크기 조절 등의 편집이 가능하다. 이때 X-Ray Mode(alt + Z)를 사용하면 뒤의 점들이 선택되는지 확인되기 때문에 매우 유용하게 사용이 된다.

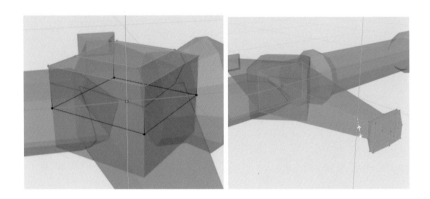

31. 이번에는 ① 크로스 가드와 손잡이(Ⓐ)가 만나는 부분이 자연스럽게 연결되게 할 것이다. ② Face Mode('3') 〉 Ⓑ 부분 Loop 선택(alt + LMB) 〉 크기 조절('S') 〉 Z 방향('Z') 마우스를 이동하여 크로스 가드 두께보다 얇게 조절 후, ③ LMB 〉 크기 조절('S') 〉 Y 방향('Y') 〉 Ⓑ 연결 부위가 크로스 가드에 완전이 삽입되도록 마우스를 움직인 후 LMB 하면 된다.

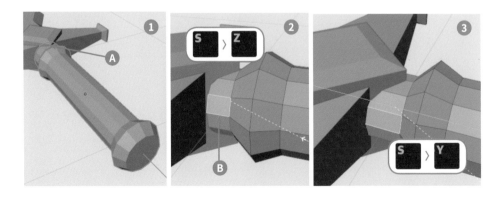

마모 표현(참고)

1. Edit Mode(tab) 〉 Edge Mode('2') 〉 Ⓐ Edge Loop 선택 alt+LMB 〉 'X' 〉 Dissolve Edges 하여 Edge에 포함된 Vertex들 모두 깔끔하게 삭제한다.

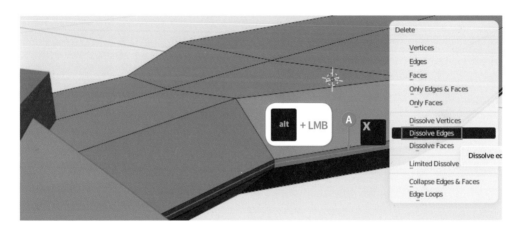

2. 본격적으로 마모를 표현하기 위하여 Ⓐ Edge를 추가할 것이다. Loop Cut(ctrl + R) 〉 enter 〉 esc 〉 Ⓑ Edge 선택 〉 ctrl + B 〉 마우스 이동 〉 enter 〉 Bevel 창 〉 Segments: 2로 수정하여 아래와 같이 만든다.

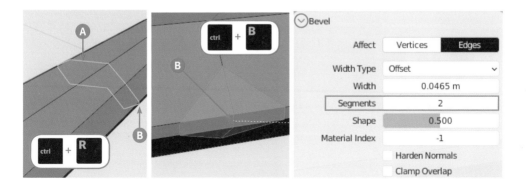

3. Ⓐ를 선택 〉 ★G × 2 〉 Edge를 따라 점 이동 〉 LMB 〉 Ⓑ를 선택한 후 Ⓐ와 같은 방식으로 진행한다. 다음 Vertex 모드("1") ★Ⓒ 점 선택 〉 Ⓓ 다중 선택 〉 Merge('M') 〉 At First 하여 Ⓓ를 Ⓒ에 붙여주고 Ⓔ와 Ⓕ도 같은 방식으로 진행한다. Ⓕ를 먼저 선택한다.

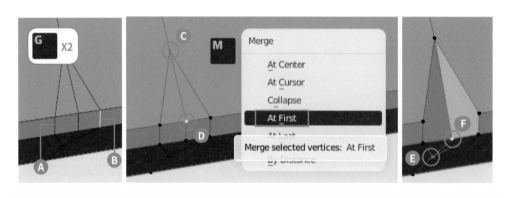

32. 이번에는 UV map을 위한 사전 작업으로써 객체 전체를 합칠 것이다. 우선 모두 선택 ('A') 〉 결합(ctrl + J)을 하면 Outliner에서 하나의 객체로 합쳐진 것을 확인할 수 있다.

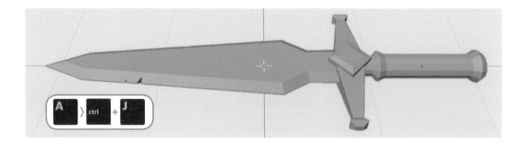

33. 이번에는 3차원 Object를 채색하기 위해 평면으로 펼쳐 주는 작업을 할 것이다. UV Editing Mode 〉 Edit Mode(tab) 〉 Face Mode('3') 〉 모두 선택('A')을 한다. 그러면 좌측 이미지에서처럼 UV 정보가 확인된다.

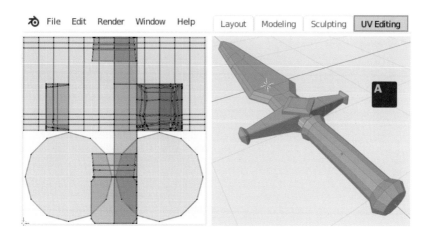

34. UV Mapping('U') 〉 Smart UV Project 〉 Angle Limit: 53, Island Margin: 0.02로 아래와 같이 세팅하고 OK 하면 좌측 화면에 펼쳐진 UV map이 보이게 된다.

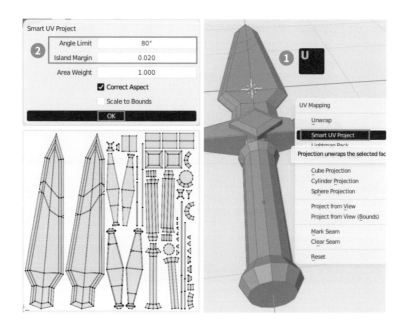

[참고: 좌측 하단의 Smart UV Project 창에서도 UV 편집이 가능하다.]

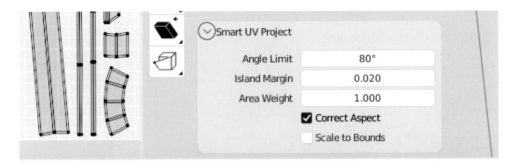

09 | ROBLOX_Studio

1. 최초의 인터페이스가 보이면 Import 3D를 통해 외부 3D 모델을 불러오기 한다.

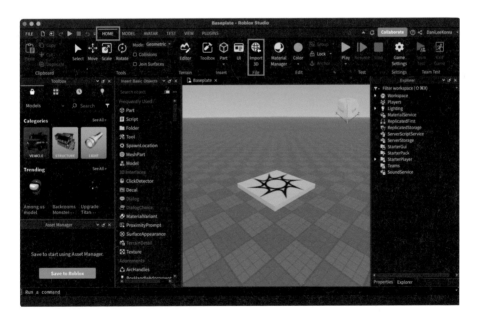

2. 불러오기 할 때 Import Only as a Model 체크는 해제하여야 Texture가 같이 들어올 수 있다.

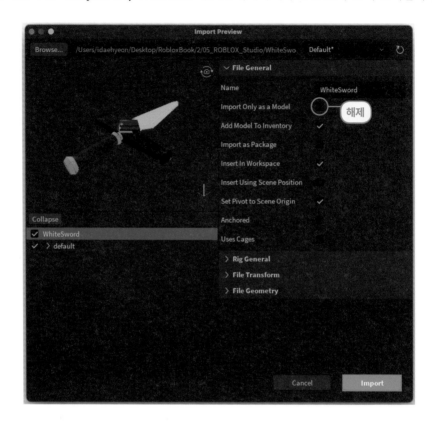

3. 성공적으로 Import가 되면 아래와 같은 팝업 창이 보일 것이다.

4. Sword를 Rotate를 통해서 아래 이미지와 같이 칼끝이 하늘을 볼 수 있도록 Ⓧ로 90도
회전한다.

5. 다시 Rotate를 하여 아래 이미지와 같이 Z축으로 Ⓩ로 90도 회전한다.

6. 이번에는 위쪽으로 조금만(이동 거리는 Sword가 온전하게 보이도록만) 이동하도록 하자.

7. 이번에는 Dummy가 잡을 수 있는 물리 기반 Part를 생성한다.

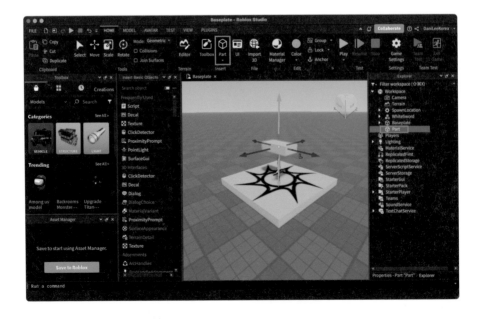

8. Part를 크기 조절, 이동하여 아래와 같이 손잡이와 일치하도록 조절하자. (인내심이 필요하다.)

9. Part를 Handle로 사용할 것이기 때문에 Handle로 이름을 변경한다.

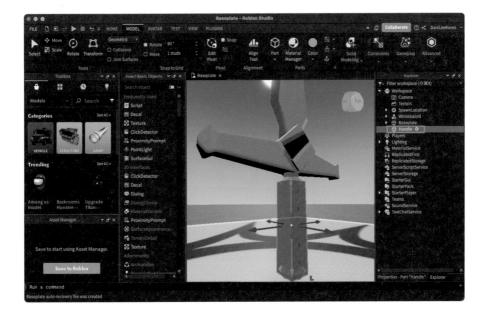

10. Workspace에서 Tool을 찾아보자.

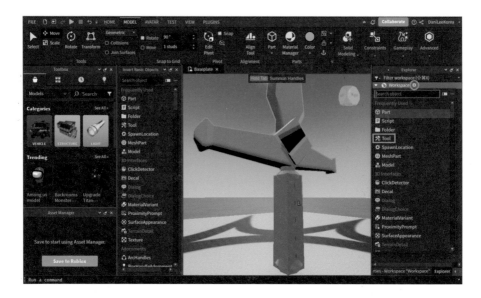

11. 이제 Tool을 선택하여 추가하도록 하자

12. WhiteSword 객체를 Handle 아래로 이동하고 Handle을 Tool 아래로 이동하고 Handle이 선택된 상태에서 Creat Menu를 펼쳐서 Weld를 선택한다.

13. 가이드 선이 보이면 Ⓐ WhiteSword를 선택하면 된다. 그러면 Handle 자식 객체의 하나로 인식되게 된다.

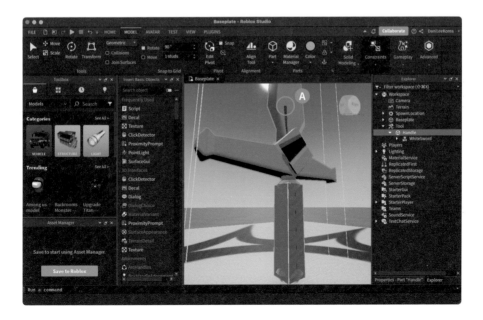

14. 이번에는 Handle 객체를 투명하게 만들어 보자. 우선 Handle 객체를 선택하자.

15. 다음 Properties를 활성화한 후 Transparency를 1로 바꿔 보자. 그러면 Handle은 존재하지만 투명해서 보이지 않게 된다.

16. 다시 Explore를 선택하고 Tool을 StarterPack 폴더 안으로 Drag & Drop 한다.

17. ❶ Play를 하고 ❷ Ⓐ를 한 번 클릭한 후 ❸ WASD로 이동하면서 ❹ Tool 버튼을 눌러 보자. 아바타가 칼을 빼들 것이다. 이렇게 하여 기능(애니메이션, 이펙트 등)이 포함된 아이템 테스트를 완성한다.

모두를 위한 메타버스

3D 블렌더로 쉽게
게임 (로블룩스) 아이템&
NFT 만들기

2024년 1월 29일	1판	1쇄	인 쇄
2024년 2월 10일	1판	1쇄	발 행

지 은 이 : 이　　　　대　　　　현

펴 낸 이 : 박　　　　정　　　　태

펴 낸 곳 : **주식회사 광문각출판미디어**

10881
파주시 파주출판문화도시 광인사길 161
광문각 B/D 3층
등　　　록 : 2022. 9. 2 제2022-000102호
전　화(代): 031-955-8787
팩　　　스 : 031-955-3730
E - mail : kwangmk7@hanmail.net
홈페이지 : www.kwangmoonkag.co.kr

ISBN : 979-11-93205-16-7　　93000

값 : 19,000원

kwangmoonkag

※ 교재와 관련된 자료는 광문각 홈페이지(http://
www.kwangmoonkag.co.kr/) 자료실에서
다운로드할 수 있습니다.